U0091505

美食

滋味中的風景

李韜 著

搜狐吃喝社區網路紅人小妖告訴你中國各地的特色美食小吃

美食不緊緊關乎味蕾，還關乎知識與生活品味

讓我們去體驗食色、哲思與時空的交融

松燁文化

目錄

目錄

1. 就是一坐一忘

我承認，我對雲南菜有偏愛。

我喜歡嘗試各樣的雲南菜館，嘗試一坐一忘，因為它是麗江主題餐廳，首先吸引我的，卻是它的名字。記得《週末畫報》的扉頁上，總會列出本週 in 或 out 的事情，通常我會比較兩者的微妙關係，慢慢就會發現原來很 in 的事情，可能現在是最傻的、最 out 的事情。一坐一忘的英文名字是「IN&OUT」。

我看到這個名字，突然有頓悟的感覺。in 和 out 不也是一種輪迴嗎？其實更重要的是當你在某種心境的障礙之中，像敢於破除堅冰一般，把它打碎，那就是最 in 的事情了。in 和 out 就是一線之隔，或者也可能會是同一個東西的不同兩面。不要過多地將關注焦點放在事情上，而把它放在評價事情的標準上，也許是生活給我們的啟迪。

一坐一忘在三里屯北小街，門口站著一位穿著納西族披星戴月傳統服裝的小妹妹，我好奇旁邊的金穀倉（另外一家名氣很大的餐廳），問了一些關於金穀倉的事情，小妹妹笑瞇瞇地一一解答，遇到不瞭解的地方，很不好意思的樣子：「對不起，我也不太清楚哦。」我知道，這是一種得到服務真諦的待客之道，但是我更願意把它看做得到生活真諦如麗江般閒適的人生態度。

店面在樓上，簡單的風格，可是卻有恍如置身麗江的感覺。那東巴文寫的木條幅，映著服務員笑臉的彩紙燈籠，穿著鮮豔民族服裝的小弟小妹，灰磚牆、木頭桌，還有報紙糊的整整齊齊的天花板，活脫脫地勾勒出納西的風情、麗江的畫卷，就那樣真實地在你眼前拉開。我的感覺全來了。

我就像在雲南的家裡那樣隨意的點菜，都是我愛吃的雲南特有的東西。

紅三剁、香茅草烤羅非魚、乳扇、茉莉花炒雞蛋、油雞樅、鳳梨飯、炒餌絲、豌豆粉，雖然有傣家的、有大理的、有麗江的，卻也都算是雲南的傳統風味。我開心地笑著，然而心裡卻真的有「相逢淚欲滴」的感覺。是的，

一個西藏，一個雲南，在我的心裡永遠都是最深沉的、最脆弱的情愫，就像始終都要溢出的甘泉，不能觸碰。

在等菜的時候，點了一壺糯米香。糯米香在雲南不是一種特別名貴的茶，本是一種不起眼的小草，可是卻能散發糯米特有的芳香，一壺糯米香茶就可以看出雲南的神奇。最先到的是豌豆粉。相比其他的菜，豌豆粉我已經多年沒有吃到過。在大理的時候，可以在路邊的小攤子上，看到大塊的豌豆粉，黃嫩嫩的，帶著豌豆特有的豆香氣，行人可以很隨便地坐在小板凳上，要一份，看著那豌豆粉被切成小塊，在小碗裡拌上調味汁，然後埋著頭，很痛快地把它吃完，一抹嘴，意猶未盡的感覺。我很懷念那種感覺，因為它是我吃鮑魚後不曾有過的。一坐一忘的豌豆粉比路邊攤的要細嫩些，可是還是有很香的豌豆味道，辣辣的湯汁，基本上一盤子都是我吃了。

菜一道道地上了，大家吃得都很開心。我卻還在盼著餌絲。今年回雲南的時候，我一共在家裡待了六天，六天裡我吃了十四頓餌絲。大理的餌絲做法有很多，耙肉餌絲、滷餌絲、炒餌絲、沙鍋餌絲、火腿雞雜餌絲等等，每種都是我的最愛。餌絲也許是世界上我唯一一種吃不膩的東西了。我和朋友們說起餌絲來的時候，大家往往會誤解為它是豬耳朵切成的絲。其實，餌絲是稻米粉的製品。在中國古代，麵類製品為餅，米類製品為餌。餌塊其實就是稻米舂成的薄圓餅子，把餌塊製成絲或者直接用稻米粉做成麵條狀的長絲，就是餌絲了。炒餌絲裡面一定要有雲南的酸醃菜，才會有雲南的味道。酸醃菜是用雲南苦青菜醃製而成，一坐一忘的炒餌絲裡有酸醃菜的小丁，吃在嘴裡，那種酸爽的味道，忽忽悠悠地飄進五臟六腑，讓我渾身都那麼舒坦。

不在麗江的時光，一坐一忘，卻依然讓我感受到雲南的味道。

2. 蜀地傳說，別樣風情

我沒有看過幾部任泉演的電視劇，除了那部《少年包青天》。但是我喜歡任泉開的蜀地傳說，從這個店來說，不得不佩服任泉是個有靈性的人。

我通常到北京藍島後面的那家店。什麼時候看見那個醒目的標誌都很舒服。蜀地傳說的標誌像是一盤菜，又好像兩個「川」字交叉在一起，給我的感覺就像阡陌縱橫。

「誰知盤中飧，粒粒皆辛苦。」不是不能享受，但要避免浪費，那麼就精緻些吧！蜀地傳說稱得上精緻。落地的大玻璃顯得通透亮堂，一層是木質的四方散臺，配了包皮的椅子。我最喜歡的是門口木桌上的石槽，大氣而且壓得住場面。散座上的燈，形似鳥巢，現代而不唐突，就像淑女穿了職業的裝束，不忘配頂誇張的花帽，便在淡定中添了活潑味道。

服務員招呼很熱情，但是語調又很輕柔。舒舒服服地點菜，等著那菊花茶泡開。「傳說」大概通常不可考，所以蜀地傳說不僅包括了川菜，還有粵菜的鮑翅、廣式的茶點和北京人喜歡的東北經典菜品。我便也不全選辣，各選一些，百花齊放。

先到的是麻醬鳳尾。鳳尾便是莜麥菜，有著特殊的清香氣，洗乾淨瀝乾水，調了麻醬汁，配了一勺紅潤的辣椒油，新鮮、清香、爽口，雖然不至於吃了之後「飄然欲仙」，可是卻讓人生出「歡喜心」。

接下來便喝湯。湯可以勾起食慾，也可以將養腸胃，哪怕粗獷之風如是東北菜，一樣能出百年經典湯，小雞燉蘑菇風靡北方不是沒有道理的。蜀地傳說的小雞燉蘑菇量少了很多，裝在白瓷的四角碗裡，蘑菇和雞湯的味道非常融合，彌補了食材本身的不足——蘑菇有土氣，太野，而雞肉忒尋常了些，便沒了新奇。這兩個凡物碰撞後一番水火修煉，便也帶了幾分仙氣了。

我生來便喜吃牛羊肉，也許，前世便是色拉寺門口一條狗。蜀地傳說的泡椒牛腩和烤羊腿，一個泡椒味突出，一個外焦裡嫩，都把我吃得不亦樂乎。

　　唯一不以為然的便是薑爆鴨絲。菜型非常不錯，四角配了薄白如棉的麵餅，中間是青紅椒絲炒的鴨絲，色澤誘人。可是味道並不出眾，中國傳統裡重的是「明珠雪裡埋」，恨的是「銀樣鑞槍頭」，所以這道鴨絲便像穿了小姐衣裳的丫鬟，表面雍容嫻止，開口就露出了馬腳。

　　和朋友聊天，時間長了，便冷了菜，也不想動了，雖然每次吃飯前都千挑萬揀，奔著美食而去，可是往往到了一半，美食反倒淪為朋友相聚把酒言歡的副產品，所以，飯量是越來越小了。飯罷，朋友便點了酸奶山藥，據她說十分爽口，又加養顏。我不屑這小兒女情態，點了一杯冰拿鐵作陪。且不說這川菜館子提供咖啡，是不是有點中西合璧的意味，單就這咖啡的味道來說，還真不壞哪！

3. 走，我們喫茶膳去

最近朋友來北京的很多，閒暇時光都在「三陪」中度過。三陪者，陪吃、陪聊、陪逛是也。忙裡偷閒游了一次泳，才發現腰上贅肉情真真、意切切，已經和肚子你儂我儂，分不開了。如果再照此發展下去，大概要同《水滸傳》裡李巧奴仔細學學，「咒得肉片片兒飛」，不過人家是咒安道全，香豔情話，我是自己跟自己的肥肉過不去。

可是填飽肚子還是馬斯洛需求的最低層次，飯還是要吃的。所有胖子的減肥大概都是從這頓吃飽開始到下頓吃飯之前結束。既然頻率問題不能解決，那就只能改變內容。茶葉是減肥食品，又是中國人喜好的飲品，加之我也常常附庸風雅品品茶，便左挑右揀，在 SOHO 現代城旁邊的巷子裡找出一家茶膳餐館。

這家館子叫文汝馨居。大凡做茶膳的可能名字都比較拗口，可能因為中國從公元前的周朝就開始喫茶葉了，時間久遠，茶膳之所的名字也無妨帶些古拙氣。不過那時候的茶葉是主料，《晏子春秋》就有「嬰相齊景公時，食脫粟之飯，炙三弋五卵，茗菜而已」。東漢壺居士寫的《食忌》說：「苦茶久食為化，與韭同食，令人體重。」唐代儲光羲曾專門寫過《吃茗粥作》，先是喫茶，後則喝粥。清代乾隆皇帝多次在杭州品嚐名菜龍井蝦仁，慈禧太后則喜用樟茶鴨歡宴群臣。

一路走來，這茶葉在菜裡的地位越來越模糊了。現代茶膳在大陸，往往只是借助了茶葉的香氣，已退化為一種調料。倒是臺灣那邊古風猶存，茶果凍、烏龍糖、烏龍茶燒雞和抹茶蛋糕等等，茶葉往往充當了主料的一部分。

文汝馨居的大門卻也雅緻。粗木門上鑲了鐵泡釘，中間獸頭的門環，門楣上嵌了二龍戲珠的圖案。門內是個小假山，流泉淙淙，白牆上襯著四扇雕花門板，便是個照壁的意思。這倒是循著老例兒。

進入裡面，厚重便淡了，香豔的感覺出來了。主要是用了大幅紫色的紗幔襯著博古架，架上面各色瓷器擺得滿當，還有幾片陳年普洱茶餅，倒是有點「混搭」的韻味。

我們坐的桌子也是木製，四角壓了葫蘆如意的銅皮角花。椅子是方方正正的黑堂椅，上面偏又用豔紅的綢緞靠墊。沙發上鋪了白色羊羔皮子。水盆、花瓶都是汝窯的雨過天青的底子，卻又用彩墨畫了荷花、蝴蝶。可惜一個立式空調敗了興致，如同大家閨秀，好端端一身旗袍，偏配了一雙細跟高跟鞋。

還是說菜吧。涼菜要了茶香涼粉、茶汁茄子；熱菜點了茉莉花茶炒魚丁、手撕小鱉、紙火鍋雞與干鍋茶樹菇，配了綠茶餅子作主食。文汝馨居是以川菜為主，我覺得不妥。大凡茶葉香氣再濃，依舊要配清淡的，要不然不是茶葉香根本感覺不出，就是茶葉反而喧賓奪主。所以我覺得值得稱道的是茉莉花茶炒魚丁和手撕小鱉。魚丁的腥氣被茉莉花茶遮掩了，可是都是一起在油裡歷練過的東西，彼此都不覺得生分；手撕小鱉用紅茶汁子醃過，確實更好地保留了童子鱉的香氣，吮指回味。其他的味道雖說也不差，但是就是吃不出茶的味道，主要還是辣椒的味道太濃，所以不是後宮無佳麗，只是楊玉環先入為主，便只留了豐腴的豔名。紙火鍋倒還有新意，一個物理原理的生動案例。

吃飽，還未喝足。要一壺胎菊慢慢品，窗裡窗外便看著都在上演一出出人生情景劇。

4. 我沒去過峨眉，但是去過小鎮

我去過很多次成都，也到過四川的一些其他城市，不是籌備展覽會就是講課，基本上沒有自己的時間。雖然也去過九寨溝、丹巴、康定、瀘州等地方，但是一直想去的峨眉山卻始終未能成行。在石家莊，卻恰好有個機會去了一個叫做峨嵋小鎮的餐廳，算是給自己一個觀「鏡花水月」般的交代。

在我的印象裡，峨眉山一定是一個幽靜的去處，從森森茂林中一路上去，走過熱氣騰騰的溫泉，把朵朵白雲踩在腳下，最後望見金頂的萬丈佛光，身在繁華塵世心中也會升起大光明。只是沒想到，一個餐廳會把峨眉的神髓抓得這麼到位，雖然使用了現代的裝修元素，卻收到了一樣的表現效果。

峨嵋小鎮主色調是淡紫色的，然而這淡紫色又糅進了鮮紅和玄黑，漆黑桌，暗紅椅，昏黃燈光，紫色紗幔……會不會太過曖昧和香豔了？於是又加了整幅的水幕從玻璃牆上緩緩流下，映得浮塵眾生的表像在水幕中如幻似怪，偏又在每桌上擺了方柱形藍玻璃花瓶，中間插了一兩只乾枯而形體猶存的花莖。一片混沌之中，反而這裡有透明的純淨；空色交征，使苦苦打拚人生的食客心生「人在江湖」之感，於是把這裡當做放鬆的塵世棲身之地。

峨嵋小鎮裡有卡座，也有舒服的沙發，相同的是桌面上垂下一隻小燈，不能光被四方，卻也安然提供一方溫暖明亮。食物的名字讓我想像它們的美麗：

紅酒雪梨、鵝肝醬炒菌子、臘肉茶樹菇、香茅烤雞翅、銀杏芹菜、涼拌木耳、清蒸左口魚，不知道它們在廚師的雕琢下會綻放怎樣的誘人芳香？

大家聊興正濃，服務小姐帶著溫婉的微笑，不過多地打擾，送上一份農家小食，泡好一壺普洱。

旁邊靠近玻璃幕牆的女子點上一根煙卷，玻璃幕牆反射著她的容顏，不知道她在想些什麼。半包是用頂上垂下的水晶珠串略一分隔，卻隔不住裡面聚會的笑語晏晏。而在我們沉寂無語之時，菜品恰好上桌了。

　　涼拌木耳帶著成熟的黑，在下面卻有著晶瑩的冰的內質，也許人生在真正成熟時恰如深沉而安忍不動的大地，提供豐富的味道，卻有著截然不同的表裡？香茅烤雞翅，不見多少油膩，讓我心生好感，細細品來，雞肉的香味裡有絲絲香茅草的清香，真正的好的料理正需要這樣不張揚而又讓你無法忽視它的存在；紅酒雪梨，彷彿不應該出現在這裡，可是又覺得那麼合情合理——梨的山野清鮮和釀釀醉人的紅酒碰撞，凝成那一片片有著醇厚紅酒滋味的鮮甜；清蒸左口魚，湯汁顏色稍重了一些，口感卻還是很嫩，不過我一直覺得左口不需要撒那麼多香蔥段，反而有點喧賓奪主的意味；唯一我認為不夠水準的是銀杏芹菜，不能展現芹菜水嫩的迷人風姿，彷彿火小了無法速成，反而有拖沓的慵懶。有的時候，人生就需要那麼一次水火迅猛的鍛鍊，火候不夠，反而造出無法回爐的遺憾。

　　吃罷飯，大家反而有些發呆。桌上精美餐具各式各樣，不知今後是否也要走出各自不同的人生印跡？

5. 麵條的後現代時光

在中國，很多時候漢字並不能按照它的字面意思去理解。這大抵有兩種情形：一是在不同的語言環境裡表示不同的含義。就像當初美國人對中國的新聞報導異常撓頭——時值中國女排在與美國女排的比賽中取得勝利，一家中文報紙的標題為《中國女排大勝美國女排》，另一家中文報紙的標題為《中國女排大敗美國女排》，美國人不由心裡嘀咕：這中國女排到底是勝了還是敗了呀？一時成為笑談。二是很多漢字有約定俗成的含義。比如「面」這個字，很多時候指人辦事不俐落，拖拖拉拉的，比如說「這人開車真面」，往往包含了對新手司機的無奈與憤怒；而「酷」這個字從冷酷的意思引申開來，還帶有行為出挑、引人注目的感覺。

而北京恰巧有一家名氣不小的餐廳叫做「面酷」，我不由思索，那麼柔軟的麵條如何變成酷酷的新人類食物，真是值得一試。

面酷的外觀讓人無法與麵館聯繫起來：黑色的主色調，不鏽鋼的各種構件，迷離的燈光，明亮的大玻璃窗和棕褐色的紗簾，與其說是一個麵館，更不如說是一個後現代的酒吧，顛覆了食客對麵館的全部想像。但是一進大廳，麵館的氣氛全來了。一個不鏽鋼的半環形吧臺，周圍一圈白色的酒吧椅，上面一個大燈罩，中間是吸油煙風口，六七個頭戴高帽的廚師正在熱火朝天地煮菜、削麵、拉麵，吧椅上還有幾位客人邊欣賞邊等待。

我們幾個人因為喜歡聊天，便上了二樓。一路上都是紫色或者藍色迷幻的燈光，坐在靠窗的黑色石桌前，充滿了對食物的期待。先點了飲料，玫瑰花茶和苦瓜茶；又在涼菜裡看見了久違的苦苣菜和平遙牛肉，便打了個招呼；熱菜裡想像著鳳梨雞的甜蜜、金沙娃娃菜的鮮滑交融，也就樂意嘗試一番；大家高度一致地選擇了羊雜湯以慰藉多年不曾撫平的腸胃；又選擇了紅麵擦蝌蚪（山西擦麵當地特色麵食）來憶苦思甜緬懷過去的時光。

不多時，諸位情人已到。在面酷有一種柔情的曖昧，所以我們都把各自喜愛的食物稱為「情人」，而據說，真正的美食家都是把食物看做情人的——偷偷品嚐曖昧的美味。

玫瑰茶和苦瓜茶都是時尚而健康的。用熱的橙汁沖了苦瓜乾又加了玫瑰的花苞，恐怕太豔了，便配了風霜持重的小白菊壓著。苦苣菜一如既往，支棱著充滿綠意的葉條，雖然帶著青春的苦澀，卻是值得留戀的時光；平遙牛肉有特殊的調料香氣卻不壓著牛肉的味道，連筋脈都還有嚼頭，算是進城不忘本的典範。

同來的女孩子們喜歡鳳梨雞，射燈的光芒照著，真的是「滿盤盡帶黃金甲」。扇形的鳳梨塊和球形的雞塊都是一片金燦燦的黃，夾一塊雞肉放在嘴裡，炸得酥脆的外殼，滿嘴鳳梨的香甜，嚼到最後是雞肉的嫩香，確實是一道深得女人心的菜。金沙娃娃菜，使用南瓜制蓉和高湯一起做成黏稠的糊，輕輕抱著脆嫩的娃娃菜，滑爽和清鮮交融在一起，得到了口感上更為優質的結晶。

唯一不夠我們要求等級的是羊雜湯。其實面酷已經夠用心，很多的羊肚絲、羊肝和羊肺塊，盛在黑色的陶罐裡，又有服務小妹在上桌後用翠綠的香菜撒在上面，然後殷勤地為我們盛一碗。可惜，沒有那滾了幾十年的老湯。

我印象中的羊雜湯，便是那冬天街頭巷尾，雪花飄灑下的一口鍋。鍋裡永遠滾著不知道幾年不曾停歇的老羊骨湯，白胡椒愣頭青般的鮮辣、大料歷久彌珍的濃香、丁香的雨霧纏綿，還有歷次添加的羊肉湯裡的精華層層疊疊像地殼岩層般不斷疊加，喝到嘴裡一股捉摸不透的厚重。面酷的羊雜湯，努力中還欠缺時間的沉澱，便是那歷史的韻味是誰也不能速成的。

赫拉克利特說：一個人不可能踏進同一條河流。李韜說：生命中那碗羊雜湯已經遠去，但也沒有必要去追尋，就讓它在記憶裡留下悠遠的香氣吧。

心中的瑪吉阿米棺材，於是就決定命名為「棺材板」。吃棺材板一定要趁熱，金黃的外皮散發穀物的醇香，裡面爽滑的肉餡和花枝彈牙柔韌，白稠的醬汁不時升起濃郁的香氣，真的是匠心獨運的一道美食。

這不，飯後還有新鮮的花草茶，在氤氳的香氣裡，你會覺得日月潭的天光水色已經在眼前慢慢浮現。

6. 五方院的美食空間

北京成府路有個五方院，五方院是個美食的空間。

五方院改造於一個倉庫，原來寬大的空間不會限制主人的想像，五方院裡前院、後院、上院、下院，大大小小、高高低低分割出很多空間，空氣佈滿飯菜香味，好像每個空間都在美食的香氣裡飄浮著。

五方院的外觀不起眼，內裡也缺乏華麗的裝飾，可是卻充滿了隨意的美。外觀是一個用青磚搭建起來的鏤空灰牆，厚重的大面積的灰卻並不壓抑，因為有鏤空之處的通透。餐館內部的牆裝修很簡單，就是刷了平整的灰，甚至就是紅磚原色的牆體，掛了幾幅誇張的油畫，便多了先鋒藝術的感覺。這種裝修是我所讚賞的，不僅配合五方院湘菜的主題，而且花小錢辦大事，簡單裡面透著驚喜，粗獷裡面顯著文化，讓我不由想起了上海人——看不起沒錢人，卻更瞧不起窮大方，相比很多餐館暴發戶般的一片耀眼金光，五方院的裝修可以說精明裡透著靈氣兒。

再靈也得說菜。五方院的經理有點意思，名片印的頭銜是「首席味覺官」，能這麼印的人，一定是對味覺追求完美的人。什麼是完美的味道？簡單的。怎麼簡單？

用最少的香料和簡單技法烹調，保持食材的自然風味，而彌補食材的缺陷。

五方院的招牌菜是五方肉。一個字，棒！一塊豬肉皮紅肉嫩，肥而不膩，應該是水煮去了油，又略加壓力製成，所以形狀不變，卻軟爛滑嫩。突出的是醬香味，配著脆生生的青菜，讓人不忍停箸啊。我不喜歡吃帶甜味的紅燒肉，總覺得豬肉本身就拖泥帶水，不像牛肉那麼爽快，再加上甜味，有一種可疑的曖昧。

還有老火豬肝，豬肝不老，可是味道絕佳，豬肝的腥氣被調料壓得無影無蹤，可是又不全是香料的味道，這種在菜品上的「中庸」是很難做到的。油燜筍令人驚喜。筍子大概是唯一一種從乾貨還原本來面目時更加出眾的一

種食材，算是青出於藍而勝於藍吧，配上臘肉，道地的湖南臘肉，那種油潤香滑的柔韌，讓你的舌頭在口腔裡多轉幾個彎。還有兩個普通的菜──蓮藕排骨湯和粉蒸肉。粉蒸肉非常道地，粉在肉片上裹得很均勻，沒有脫落，而且粉雖然略顯粗糙，可是有穀類的香氣，這是很難得的。蓮藕排骨湯裡的蓮藕還保持了一點脆嫩，可是湯裡又融出了蓮藕的清氣，應該不是同一時間下料的，排骨很清嫩，略帶了鮮甜的味道，把豬肉類的食材烹製成這樣是需要功夫的，所以，越是普通的菜越能夠看出來一個餐館對食品的駕馭能力。

我唯一不喜歡的是干鍋鴨子。雖然調味料眾多，可是還是壓不住鴨子的腥臊之氣。可能是制鴨坯的問題。鴨子本不是我喜歡的食物，我唯一接受的就是淮揚菜裡針筍老鴨湯的做法，好的廚師做出的老鴨煲，香氣濃郁，絕沒有鴨子特有的臊味，腥臊氣不除，則是口腔享福鼻子受苦。

據說還有雙椒魚頭，還有農家小炒肉，還有米豆腐……怎麼樣，下次一起去吃吧？要知道，美食只愛陌生人。

7. 洪湖水浪打浪

桑吉東智要走了，到拉薩去。畢竟，那裡是藏人的家。

我急匆匆地從單位往北京中央民族大學趕，為了請他吃飯。我發現，無論什麼時候，其實，朋友間吃頓飯也許永遠都是送任何禮物不可比擬的最好選擇。

畢竟，中國人還是講究「民以食為天」。

桑東黑了很多，在南戴河曬掉一層皮。北京的鏖熱，讓我們親近水，洪湖水浪打浪的親和讓我們第一時間選擇了它。

洪湖水浪打浪一聽就是鄂菜館子，在韋伯豪大廈的地下一層。水泥地，紅磚牆，松木桌，沒那麼氣勢逼人，讓我們盡情歡談；也不會顯得粗陋，彼此多了幾分親切。

等菜的時候，天南海北的聊天。

從青藏鐵路到娶妻生子，從文化到政治，這裡的安靜讓你可以充分的表達。

抬頭望去，紅磚牆上「同心同德奔小康」，讓我們的爭論戛然而止——無論什麼時候，肚子問題都是最重要的，再次表明物質是基礎，聊天是上層建築。飯菜上來，不當君子，首先動手，以體現「好吃不懶做」的新時代青年的高風亮節。

首先到的是酸辣藕丁和小炒黃牛肉。洪湖水浪打浪的藕是很好的食材，另一道排骨蓮藕湯也是味道鮮香清醇。今天點的酸辣藕丁是涼菜，充分體現了藕的矛盾性——脆和嫩兩種口感同時出現了，帶著爽口的酸香，還有一絲辣味，讓夏天沉寂的胃口開始恢復生機。小炒黃牛肉，水芹的特殊香氣很濃郁，可惜牛肉的刀工略微散了點，導致了同一火候的肉的質感並不完全相同，留下了些許遺憾，可是也讓我們更加期盼後面的佳餚。

緊接著出場的是三鮮魚糕湯。這魚糕湯是用荊州魚糕做的。這魚糕白白嫩嫩，顫巍巍的一片，邊上配上金黃色的蛋皮，煞是喜人。魚糕最典型的特點就是吃魚不見魚，魚含肉味，肉有魚香，清香滑嫩，入口即融。配上豬肝片和高湯，我和桑東每人都喝了幾碗，覺得從嗓子眼到胃裡都一下變得服服帖帖，渾身都那麼舒服。

吃了軟糯的東西，就配點韌性耐嚼的。煙筍一直都是我的心中所愛。筍子一直都是我的重要食品來源之一，朋友們經常以此證明我的體形和飲食習性都和國寶有某種親緣關係。新鮮的竹筍吃不完，拿來曬乾，用木炭摀煙燻至色黑，即成煙筍。煙筍少了新鮮竹筍春日裡的氣息，可是飽經世事滄桑的不溫不火，更多了幾分平和之氣。乾而韌的筍絲，經過臘肉丁一煮一炒，不僅回軟，還飽含了臘肉的油潤濃香，這道菜我和桑東都喜歡。

最後登場的是沔陽三蒸和油炸臭干子（類似台灣的臭豆腐）。沔陽三蒸傳說中知識產權應該歸屬陳友諒的妻子潘氏，和雞尾酒一樣都是中西飲食中以急中生智而名垂千古的典範。沔陽三蒸即三種蒸菜，最初應該是蒸魚、蒸肉和蒸藕，洪湖水浪打浪的沔陽三蒸是合在一個小蒸籠裡，下面是蒸蘿蔔絲，上邊蒸青魚段和蒸米粉肉片各占據半壁江山。蒸青魚段，可能魚段過厚過大，味道就像塔克拉瑪乾沙漠的小雨，剛剛打濕地皮，裡面的味道不夠濃厚和沖和；粉蒸肉片米粉均勻，中規中矩，算是合格；好的是平常最不起眼的蘿蔔絲。有了蘿蔔鮮甜的味道，入口綿軟，味道醇厚，果真「只要是金子，埋在土裡也會發光」。

臭干子是我吃湘鄂菜的必點菜。喜歡長沙火宮殿裡油炸臭干子那義無反顧的臭，帶著熱氣、轟轟烈烈，自有逐臭之夫如我大快朵頤。可惜今天上來的臭干子，雖然色澤金黃清亮，然而個頭太小，嚼在嘴裡雖然尚且酥脆有加，可是感覺就像隔靴搔癢那麼不過癮。

唯一創造紀錄的是，我和桑東邊吃邊聊，不知有漢，無論魏晉，再看四周，除了服務員在邊上散坐，面帶苦笑，已無其他客人。趕緊溜之大吉，刷卡走人。

臨走，念念不忘回頭：那洗手用的荷花缸不知俺們可否帶走？

8. 在燭光裡搖曳的馬克西姆

從第一次去馬克西姆起，就被它所吸引。作為品牌的擁有者，皮爾·卡丹先生在飲食領域創造了又一個高雅的奇蹟。更讓人稱奇的是，他居然把擴張的目光掃向了北京。北京馬克西姆，這個 1983 年就開張營業的法餐餐廳，由大幅的模仿自羅浮宮的壁畫、光影陸離的水晶鏡面、五色繽紛的彩繪玻璃窗、紅玫瑰旁搖曳的燭光、桃花木的牆壁裝飾、穿著燕尾服彬彬有禮的服務生，共同組成了一個優雅的法國幻夢。當然還有熟知西餐文化的賀廣銀經理，深諳法餐之道的法方總廚阿蘭，身為中國烹飪大師的中方廚師長單春衛，奉獻出了經典的法國美味。

在飲食方面其實我算是一個堅定的民族主義者。當然，中餐確實是中國人的驕傲，無論何時何地，無論烹飪水準如何，都能讓很多外國人驚嘆佩服。可是，我還是很喜歡馬克西姆。因為作為法餐，畢竟也在地球的另一邊創造出了不同的飲食文化。你聽，就連音樂的原則也是一樣的——若有若無。馬克西姆的音樂選曲柔和，要集中精力和朋友聊天的話就聽不到，要想休息放鬆、淺酌一口的話一下就能聽到，善解人意的讓你的耳朵也享受雅緻。我不由想起，有次我在蘇州一個園林裡享受一位世家子弟的招待，花園水池兩邊各一個亭子，一個亭子裡是飯桌，一個亭子裡是評彈藝人，主人的原話是：「隔著水音，似有若無，這才空靈，飯才吃得舒心。」

不過對於西餐來說，我通常不按常理出牌，除非有正式的招待，我都是按照自己的喜好來的，也可以稱得上是簡化的法餐餐單——頭盤、湯、主菜、甜點，就足夠了；當然，最好來一杯紅葡萄酒。

在馬克西姆，總有很多讓我難以取捨的選擇。不過，通常，又是通常，我最喜歡博根第醬汁蝸牛、鵝肝批、奶油蘑菇湯、黑胡椒牛排，還有藍莓醬的小蛋糕。

博根地醬汁蝸牛，可能用了上好的白葡萄酒進行調味，我懷疑還有品質很好的紫蘇油，蝸牛肥嫩，然而香氣卻是那麼一段渾然天成的佳遇。鵝肝批，應該是知名度很高的法式菜品，不過原來我是不怎麼吃的——就是鵝的脂肪

肝，我自己也快有了，還要鵝的幹什麼？還是賀經理告訴我，其實鵝肝是不飽和脂肪，不會增加膽固醇，而且非常的幼嫩，味道有說不出的鮮美。我終於戰戰兢兢地嘗了嘗，哈，果真非常的綿軟，彷彿清涼滑爽的巧克力，然而又在潤嫩中透著回味的後勁。奶油蘑菇湯非常的香濃，吃著小小的蘑菇片，我一直想像著自己馬上就可以成為一個法力神奇的藍精靈。牛排就不用說了，黑胡椒的香氣辛烈馥郁，賀經理「強行」的把我要的全熟改為五分熟，我一直做好了「磨刀霍霍向豬羊」的準備，不想肉質非常的嫩，順刀而開，而又充滿了牛肉自然的香氣，質感非常的完美。千萬要留一點肚子，好放各色小蛋糕。

我開始的時候非常迷戀奶酪蛋糕，如果上天把張曼玉和乳酪蛋糕一起放在我面前，給我一萬次機會，我都會選擇乳酪蛋糕——秀色可餐不過是說說罷了。

不過後來我又發現了藍莓醬的蛋糕，藍莓醬的味道神祕如毒藥，不過又真的如鴉片般讓我上癮。

其實，馬克西姆的各道菜品都很純正，味道自然，香氣濃郁，聽說他們做菜有一個祕訣：做湯時先取菜汁，再把菜磨碎過濾，這樣做出的湯菜味道純正，保持了豐富的原汁原味。記住了，我可沒告訴別人。

9. 浮士德半日浮生

　　大抵一家餐廳讓你印象舒服的，不僅僅需要食之難忘的美味食品，也需要行雲流水般順暢的服務，還需要心靈安憩的環境。

　　浮士德餐廳主理法式菜餚，融合點滴東方韻味。主廚 Benson 烹製法餐的經驗累積超過 15 年，並曾在法國著名餐廳 La Couple 實習，在中國，也曾經出任王府飯店的法餐廳廚師和有著建國飯店集團背景的 FLO 餐廳廚師。

　　浮士德的女老闆是出版行業出身，一位充滿魅力氣質的東方女性，浮士德融合了普羅旺斯的浪漫，書卷氣的幽雅，東方風味的沉穩與大方。

　　浮士德的新店在華貿，未來北京頂級富人的聚集地。一下電梯，一個剔透的玻璃酒廊，遙遠浪漫的法蘭西葡萄美酒的酒窖用玻璃、鋼條這些現代工業材料形式加以表現，給了顧客第一視覺的衝擊。

　　門廳和用餐區域以細膩綿密的輕紗隔開，襯著朦朧的燭光，一瓶充滿甜香的百合。淡紅棕色的沙發椅，棕色的桌布，金黃色燈罩透出暈黃的光芒，四壁上掛滿油畫，淡泊高雅，貴族般的歐洲氛圍。等菜的期間，一點也不焦躁，偷得浮生半日閒。

　　紅酒是澳洲的，更適合普通消費者的錢包。不過澳洲的紅酒充滿活潑創新的香氣，掛壁也比較好，加之澳洲很多紅酒廠家都是由醫生創建的，在健康元素方面似乎有著充足的保證。先上的小麵包非常不錯，蒜蓉的很脆，不辛辣而不失濃郁的大蒜香氣。漂亮的白瓷碗裡盛著紅菜湯，配了焦黃酥脆的手指餅。我的主菜是煎銀鱈魚。很有質感的魚肉，翠綠的豌豆莢，紅綠相交的椒丁，襯著底盤檸檬的嫩黃，色澤飽滿而誘人食慾。

　　然後是可愛的甜品。小蛋糕和繽紛的水果，鏤空的巧克力片，靈動的巧克力和草莓糖漿，厚重順滑的入口感覺，甜美在舌尖上起舞。

　　最後是一杯拿鐵，美式的做法，不僅沖入牛奶，還有薄薄一層奶沫，完美而振奮的結尾。

10. 福照樓養正氣

福照樓，朋友張雲川夫妻倆帶我去的館子。我原不知道昆明有這樣的好吃處。

門前一對石獅精緻威武，大紅燈籠高高掛，喜慶吉祥的剪紙不經意間勾起遙遠的記憶，還有幾尊小石人，古樸鄉情如醇香的美酒襲上心頭，也許老昆明古老的四合院就應該是這種感覺吧。

進了大門氣氛立刻就變了——怎麼這麼多人？獨特的市井氣息是別處找不到的，熙熙攘攘的人們在喧鬧中如此隨意而輕鬆，或把酒言歡，或談笑風生，雲南菜特有的香氣瀰漫在空氣中。

氣鍋雞是滇味中的代表菜品，也是福照樓的招牌菜。氣鍋雞有深厚的文化底蘊，有著豐富多彩的來歷故事，它成就了雲南建水紫陶實用器皿的發展應用，它結合雲南特有藥材的養生作用，全面體現了雲南菜中清淡淳樸、原汁原味、重油味厚的特點。

福照樓的氣鍋選用建水城郊特有的紅、黃、青、白、紫五色陶土精製而成，其色如紫銅，聲似磬鳴，光潔如鏡，永不退色，造型獨特，有潭深而可探之貌，又有培養正氣之功。

而一道製作嚴謹的氣鍋雞，要精選放養土雞，以雲南武定閹雞為極品。斬成小塊後佐以適量蔥薑放入氣鍋內，無水乾蒸，蒸汽順延氣孔進入氣鍋，蒸制時間在三四個小時左右，蒸汽所凝結的蒸餾水就形成為湯汁，原汁原味。故整個烹製過程被古人譽為「培養正氣」。所以福照樓有一塊牌匾，上面很牛的寫著「浩然正氣」，估計孟子他老人家那時候還不知道正氣也可以這樣培養。更重要的是，在碗中會撒入三七粉，用雞湯一澆藥香濃郁，而雞湯是純正的鮮美，沒有任何異味，明明是清澈湯水一碗，卻又黃亮誘人，口感有很多層次。

先上一盤冰鎮黃瓜圈。四方形陶器中清脆可口的黃瓜在晶瑩澄澈的冰點綴下，清新爽口，沁涼了盛夏的炎熱，冰甜的汁水在口中綻放的瞬間，煩躁

悶熱隨即消逝，猶如一陣清涼的微風拂過全身，說不出的清涼舒爽在每個細胞傳遞。

再來一盤烤肉。色澤油潤，香氣四溢，可惜對我來說稍微肥了些。韭菜炒螺黃我倒是喜歡，是大理的傳統名菜，做得很到位。據《新纂雲南通志·物產考》載：「田螺……剔其尾之黃，滇名螺黃。可入湯饌，味美。」我還記得前一陣子，我在洱海吃田螺，老闆一個勁地跟我說：「我們是洱海螺，不是福壽螺。」果真，這螺肉很嫩，不像福壽螺那般傻大笨粗，不入味。

讓我新奇的還有瓦塊魚。把魚剖成對稱的兩片，大概是在裡外兩側塗了調味汁，然後用瓦塊烘焙出來，上桌的時候瓦塊上包了錫紙，顯得很乾淨，然而魚肉又比單純的烤魚入味得多。

讓我開眼界的還有滇式醉蝦。一般的醉蝦使用高度白酒，把蝦醉死，吃的時候蝦的鮮味和酒的香氣相得益彰，而福照樓的醉蝦是用小米辣等醃製的，那些小蝦純粹是被辣死的。但是我覺得辣味太烈，反而可能會遮掩蝦的鮮美，加之這樣吃好像對我來說畢竟不好，嘗了一個就罷了，倒是朋友們都很喜歡，吃得不亦樂乎，可能更適合雲南人的口味吧。

雖然昆明不是山西，但是在福照樓居然讓我有聆聽遙遠的鄉音，品味鄉土的氣息的感覺。而那傳統的老滇味把我的思緒拉回那個熱鬧親切的大雜院，充滿了懷念的味道。

11. 紫蘇長髮

　　一直不大愛吃西餐，因為用的奶酪、奶油的油脂含量太高，另外西餐的禮儀對於我這個山野村夫來說也太過繁雜，往往過多地關注了自己的文雅，而忘記了品嚐美味的真諦。然而友人請在一家叫做「安妮」的義大利餐館吃飯，門面倒是不大，可是卻也高朋滿座。友人生長在美國，對金槍魚披薩、醃鮭魚等讚不絕口，我卻覺得不如中餐那般五味調和。然後是主食，我點了金槍魚螺紋麵，她點的是紫蘇葉拌義大利麵。我的主食沒有什麼特殊之處，番茄醬的味道要大於名稱，於是她推薦我們互換，這一換，開始了我和紫蘇的情緣。

　　安妮的紫蘇拌麵，淡黃色的麵條，上面是碎碎的紫蘇葉子，油醋香滑。抖散開來，彷彿有活力的小蛇般，顫動彈跳，表皮油滑，像極了女妖的長髮。我就如同中了美杜莎的魔法，雖然不至於與身石化，卻是不及言他，吃盡為快。

　　珀爾修斯刺殺美杜莎，最終竟靠著美杜莎屍體內化出一匹神馬而逃走，這古希臘的神話竟也有「殺身成仁」的意味。紫蘇便也如此，帶給人間另一片美食的世界。

　　機緣巧合，看到了日本的紫蘇麵條。可是我卻很厭惡，因為是紫粉色的麵條，看上去像面目可憎的蟲屍。再找找中國自己的紫蘇美食，發現一個有趣的現象：中國的食品像是銀杏、魔芋外國開始往往當了藥用，而外國的紫蘇在中國卻也是歸在藥經裡的。藥典上記載：紫蘇，性味甘辛、微溫、有小毒。

　　入肺、脾經。發汗散寒，溫胃和中，止痛下氣。主治風寒頭痛，肢節疼痛，寒瀉。

　　氣虛或汗多者少用之。

　　然而藥食同源，畢竟也有用紫蘇入食的。北魏賈思勰的《齊民要術》中記載有腤雞、腤白肉、腤豬和腤魚的製法。「腤雞」是用整粒的鹹豆豉，豎切的蔥白、稍為烘過的乾紫蘇和不烘的生紫蘇，以及宰殺乾淨的整雞，一起

放入鍋內加水煮熟，然後把雞和蔥拿出，把湯汁中的紫蘇葉和豆豉丟棄，讓湯汁沉澱澄清，把雞切成一寸左右的小塊，放入碟中澆上熱湯汁就是「腤雞」了。

我雖不喜日本的紫蘇麵，但是京都的志波漬卻頗合我意。志波漬屬於漬物，利用了紫蘇葉來調味和調色，所以深紫色的小食點罩著濃郁的紫蘇葉的清香，配著日本冷麵，真的是一道美味。至於為什麼有的紫蘇食品是紫色，有的卻是葉綠色？經過探究，才知紫蘇也分多種，綠紫蘇用於麵條、調味汁、沙鍋料理和生魚片的調香；紅紫蘇葉被用於梅干的染色及麵條和制等方面。

湖北等地流行的漢劇，有一齣劇目叫做《紫蘇傳》。劇情大抵是瘟疫流行，民間郎中白朮為救眾位鄉親，不惜以身試病，可惜功虧一簣，臨終要其妻紫蘇解剖自己的屍體，以此驗證新方。紫蘇含悲忍淚，毅然剖屍，查明病因，解救了黎民。但紫蘇的離經叛道為當時世俗和禮法所不容，最終她為了探求醫理、弘揚醫德獻出了寶貴的生命。紫蘇和白朮均是藥名，醫經記載：白朮，為菊科植物。白朮的乾燥根莖，健脾益氣，燥濕利水。用於脾虛食少，腹脹泄瀉，痰飲眩悸，水腫自汗。這一紫一白、一葉一莖，倒還真是絕配。

12. 此螺非彼螺

又是一年桂花香。快近中秋，我的鼻子就總是失靈，因為時時懷念桂花香，就總是覺得聞到了似有若無的桂花香氣。孔聖人說得好：「食色，性也。」因桂花香氣，我就更加懷念黃泥螺了。

黃泥螺是寧波的特產，每年農曆三月出產一次，稱為「桃花泥螺」；農曆八月近中秋時又出產一次，稱為「桂花泥螺」。桃花泥螺的螺肉比較多，但是桂花泥螺卻更讓人回味。

往往當我回味無窮時，周圍的同事就開始打擊我：「想吃泥螺噢，容易啊，去樓下餐廳要一盤炒福壽螺就是了。」我聽了 N 次以後，決定開課講解一下「泥螺」和「螺螄」的區別。

泥螺，又叫黃泥螺，產於大海的潮間帶，當泥螺即將收穫時，我們會約好三五好友，手拿自己用鐵絲窩的小三角網，彎著腰，把網貼著潮間帶，從潮間帶的一頭走到另一頭，就捕到了與沙俱在的泥螺，然後將淺淺的泥用海水涮去，剩下的就是一粒粒的泥螺。

泥螺拿回家後，最怕用自來水沖洗，那樣泥螺容易縮緊肉質，以後就渣滓較多，還是要用海水沖洗，然後將泥螺放進塑膠盆裡，再換幾遍水，不停用手攪動成一個漩渦，泥螺就在這太空失重訓練中吐盡泥沙，更重要的是洗掉黏液。直到水上沒有小的白色泡沫，那就說明黏液已經洗乾淨了，這時可不能急著下調味料，要讓泥螺休息一會，這樣它們才會放鬆警惕，把小足從殼中伸出儘量露出螺肉，不會讓你以後吃真正的「閉門羹」，然後通常我們會灑一些鹽水，放置一天時間泥螺就已經魂歸天外，這時可以加一些糟油和黃酒將泥螺封在陶罐裡，如果怕壞，最好加一些白砂糖，造成防腐作用，然後過八九天就可食用了。

醃好的泥螺，打開封口，一股鮮香撲鼻而來，而且罐口有一層薄薄的奶油一樣的東西。螺殼半透明，彷彿黃玉一般，然後最考驗人的時候就到了。

雖然泥螺異香撲鼻，可是不會吃的人就會老虎吃刺蝟——無處下口，也有的人一口下去，螺肉和泥沙一起吃到嘴裡，苦不堪言。

我第一次吃泥螺其實是在浙江慈溪，一方面遊歷山川，增長閱歷，另一方面也有看望親友的意思。可惜，家族人丁不盛，父母沒有親兄妹，能叫得出名字的鄰里也已不多，更別說親戚，已經零落無幾。當天在堂叔家吃飯時就有這麼一盤黃泥螺作為開胃菜。當我夾起一粒泥螺送入嘴裡時，大家一時靜下來都盯著我看，我將泥螺含在嘴裡，用舌頭一吸一轉，將螺肉吃入肚中，螺殼和沙囊吐在碟裡。堂叔先是鬆了一口氣，然後大笑著：「吃菜吃菜，一看還是這裡的人。」言下之意，會吃泥螺，就不算忘本。

在北方，我也經常以炒田螺作為宵夜。可是田螺與泥螺卻完全是兩種東西。田螺就是螺螄，是淡水、稻田裡的東西，它背著螺旋形的殼，不像泥螺是像蛤類般長圓形的兩小片。田螺通常要用辣椒和重油來炒，才夠有滋有味。

這也使我在物質食糧豐富之後，在精神方面想到一點：泥螺在有生之年受海潮沖刷，頗有點經過風浪的意思，可是身後便只要淡鹽薄酒就厚味濃香；而田螺生前在農田中過的風平浪靜，可是身後卻要水深火熱，油裡來火裡去，非要濃油赤醬仔細炮製了才肯罷休。

說了這麼多，口乾舌燥，臨喝水前才想起要給泥螺寫段家譜。也罷，就補上了吧：泥螺，俗名黃泥螺，也稱「吐鐵」。殼脆薄，呈卵圓形，白色，表面有螺旋狀環紋。《海味索引》載：「泥螺出南田（島）者佳，梅雨收制。一作吐鐵，冬吐舌銜沙，沙黑如鐵，至桃花時鐵盡吐，粒大脂豐無莖，乃佳，為桃花泥螺。八九月不復食泥，吐白脂，晶瑩塗上，其所產稱桂花泥螺，略遜。」

泥螺肉可入藥，《本草綱目》載有「明目、生津」功效。醉泥螺味極鮮香脆美，古人曾有詩贊曰：「次第春糟土冰儲，舟移萬甕入姑胥。安期寫罷神仙籙，酒墨都成蝌蚪書。」

13. 芡實珍如紅珊瑚

朋友拍了很多荷塘的照片。那朵朵荷花搖曳生姿，分外舒爽。有一張，葉片類似睡蓮，浮於水面，可是偏偏花朵潔白，挺立水面之上，朋友嫌花朵太瘦，將這張電影挑了出來。我對攝影是個門外漢，對別人的電影從來都是覺得好，不由多看了幾眼。朋友看我臉上帶出了笑意，有所誤解，忙著解釋：

不知道怎麼拍出這麼一個怪東西。我笑著止住他：「這不是怪東西，它本來就是這樣子的啊。這是芡實。」看著朋友一臉不解的樣子，我一邊慢慢解釋，一邊似乎又聞到了芡實那特有的香氣。

芡實一般不為北方人所熟知。其實這水中的珍品集合了睡蓮的嫵媚、蓮花的風姿，而它的果實更是清香撲鼻，令人回味。唯一不好的是，過於優秀的東西和人物，往往有點孤僻和過於戒備，不似蓮花那般普度眾生的心懷。

芡實的葉片和果殼都是多刺的，所以芡實也是孤寂的，就連青蛙都不願意立在它的葉片上面，不能為了風度而體無完膚。

每年六七月間也恰是芡實開花的時候，八九月份芡實就成熟了。成熟的芡實不像蓮花是一個蓮臺的模樣，承載眾生的苦，而是像一個雞頭，尖尖的喙，又佈滿了刺猬般的硬刺。所以，芡實又叫雞頭果。據《本草綱目》記載：芡實有「補中、益精氣，開胃助氣，止渴益腎」的功效。到了清朝，芡實的食用更加廣泛，《隨息居飲食譜》載：「芡實，鮮者鹽水帶殼煮，而剝食亦良，乾者可為粉作糕，煮粥代糧。」芡實不僅僅是食中美味，也是一味良藥。在中藥房中，可以買到乾的芡實，可惜已經碎裂，如打碎的紅珊瑚珠，有著惑人心魄的妖豔。

「美人首飾王侯印，儘是沙中浪裡來」，雖然剝芡實不像淘沙金那樣辛苦，可是也絕不是易與之事。芡實的果實外包花萼，密生銳刺。唐朝無名氏的一首《雞頭》詩，曾經生動勾畫出雞頭果的神形：「湖浪參差疊寒玉，水仙曉展鉢盤綠。淡黃根老栗皺圓，染青刺短金罌熟。紫羅小囊光緊蹙，一掬真珠藏胃腹。叢叢引觜傍蓮洲，滿川恐作天雞哭。」要想取得「真珠」，不

僅要戴厚手套，還要動刀子，才能剝出或青或黃或紅皮的芡實來。嫩的芡實可以生食，齒頰生津，香芬滿口，往往面對被譽為水果皇后的榴蓮，吃過芡實的人都淺笑而過——不是一個競爭境界的東西，就如小家碧玉見了大家閨秀，氣勢便先輸了三分，是不屑去比的了。

芡實更多的還是熟吃。所謂熟吃，就是煲湯、做菜、制糕。煲湯最宜老鴨。

將老鴨膛內制淨，塞滿芡實久熬，其味道鮮美而甜潤。鴨肉無腥氣，而有芡實香；芡實更香甜，油潤感更突出。做菜適合蜜汁。上好棗花蜜，略撒小半勺黃金桂花，將蒸熟的芡實醃漬一天，食之滿口花香，又有芡實的清爽，就像妖嬈麗人，偏生拿了書卷氣來裝飾，更勝過金釧玉環。制糕便選山藥。芡實和山藥共蒸熟為泥，以核桃粉和糯米粉和麵制皮包之，香糯清雅，渾不似人間之物，倒帶了廣寒宮的清冽之氣。我腸胃不好，往往不願意吃藥，吃幾塊芡實山藥糕便舒服起來。

可惜現在能看到新鮮芡實的機會越來越少，一如舊友四下離散，寥若晨星。口中唸著《古豔歌》：「熒熒白兔，東走西顧。衣不如新，人不如故。」芡實的清香凝成一團情愫，欲言還休，心中隱痛。

14. 當木瓜遇上牛奶

大理白族自治州有一個地方，滿足所有人對美好的遐想：微風拂動著山坡上成片的野花，天色純淨幽藍，白雲朵朵，白色的海菜花在茈碧湖裡盛開，成群的牛羊在安靜地吃草……這安靜美好的地方就是洱源縣，顧名思義，是美麗洱海的源頭。在洱源的鄧川壩子，盛產奶牛，因此也就有了白族獨特的地方食品——乳扇。

我對一切乳製品都有良好的感情——哪怕別人認為是酸臭的瑞士奶酪，還有酸倒牙的內蒙古奶豆腐。

所以，我可以說對乳扇是情有獨鍾。

乳扇的製作工藝巧妙，有著白族特有的浪漫和纏綿。我想一般人不會把酸性食品和牛奶放在一起，認為會使奶質變壞，讓臺灣的木瓜奶茶，無法比擬，不能夠使兩種食材水乳交融，只是混合起來的一種口味罷了。而至於把牛奶的形狀和狀態加以改變，無論中外古今，也都沒有勇氣把牛奶做成扇面形狀，盛名如瑞士奶酪，是略有氣孔的一坨；內蒙古奶豆腐是易碎的方塊；現代化生產的奶片是彷彿電蚊香片的壓製品。只有乳扇，一種令人費解卻充滿風情的食品。

大理人喜食酸辣，可是這酸倒不是僅僅侷限於醋，木瓜、梅子都是大理人喜歡的食材。這兩樣食材在大理美食裡發揮了不可或缺的作用。且不說大理名菜木瓜雞、木瓜魚、燉梅，木瓜、梅子是做菜的主料，而且這兩樣東西還可以用乾草泡了吃、用辣椒醃了吃、用蜂蜜漬了吃……當然，還可以做成酸漿用來點乳扇。

製作乳扇大體上是把酸水入鍋加熱，再把鮮奶舀入鍋中，用竹筷輕輕朝一個方向徐徐攪動，牛奶遇到酸水，便開始一場生死纏綿，逐漸形成「將咱兩個一齊打破，用水調和；再捏一個你，再塑一個我。我泥中有你，你泥中有我：我與你生同一個衾，死同一個槨」的「你依我依」狀態，凝結成絲絮狀的固態物，把這些固態物撈出來，略加揉捏，用木棒將其擀成厚紙頁樣的

薄片，再把兩邊拉出角，呈斜長扇形，鋪在竹架上晾乾即成。做好的乳扇顏色乳黃，油潤光亮，有濃郁的奶香味，一般十斤鮮奶才可以製成一斤乳扇，恰好可以詮釋「濃縮的都是精華」。

乳扇有多種吃法，可以撕成小條生吃，最常見的還是烤和炸。把乳扇切成條，放在炭火上慢慢烤，乳扇受熱會膨脹，用竹籤子壓住一頭邊烤邊卷，烤好後蘸上玫瑰醬，花香和奶香融合在一起，才真的是配得上大理美景的食物；也可以把乳扇丁和核桃碎放在火上燒烤後，撒在烤茶裡，大名鼎鼎的白族三道茶的第二道「甜茶」就做成了；而招待貴客，乳扇還可以做成很多佳餚。

我更喜歡的是乳扇包子和燴乳扇絲。乳扇包子，乳扇不是作餡，而是當皮，把豆腐和豬肉餡加香料拌好，用乳扇包好，在油鍋裡慢慢煎炸，色澤金黃，香酥可口；而燴乳扇絲是比較突出乳扇味道的菜。把乳扇切成絲，加上雲腿絲和雞肉絲，裝碗蒸熟，也不從碗裡取出，另用鍋加香菇絲、筍絲、各種調味，加了雞精細細熬，最後加水澱粉勾成薄芡，趁熱澆在碗裡，淋上幾滴芝麻油，頓時香氣撲鼻，人人不由爭相食之而後快。

當木瓜遇上牛奶，本來不是一對，卻可以纏綿悱惻生成奇物。我想，人生波瀾壯闊，暗藏無數異數，不用去求什麼先機，坦然地做一片乳扇，豈不更好？

15. 天上人間折耳根

　　為什麼想到這個題目，有幾層意思在裡面：其一是沒有吃過折耳根的人，頭次嘗這種蔬菜，一定會感到可怕，就像我第一次嘗這個菜一樣——那時還在雲南，我很好的朋友每天要拌一碗折耳根，吃得大快朵頤，我按捺不住，便強夾一大口，只覺得一股濃烈的腥味，又不好意思露怯，強行嚥下去之後，只覺得滿嘴像嚼過煙葉子一樣苦澀，從此以後，再不眼紅，甚至可以說絕不看第二眼，覺得這種東西「此草只應天上有，為何偏偏在人間」；其二，我後來到北京在一家川菜集團工作，為了顯示「與民同化」，只好又強行吃了幾次，誰承想，從難忍到接受再到熱愛，竟來了一個一百八十度轉變，現在我是過了幾天沒有吃到折耳根就渾身難受，覺得人間沒了它還真是不行；其三，當我忍不住將它介紹給我的北方朋友後，他們初次品嚐將吐未吐的難受表情並以充滿巨大懷疑的眼光覷定我，那意思是不僅懷疑這種「草」的出身，大概也懷疑我不是地球居民吧！

　　說了這麼長時間，什麼是折耳根？恐怕北方的朋友還不大知道，它還有個名字就叫「魚腥草」，就是我們患重感冒打針時「魚腥草注射液」的那個魚腥草。根和葉子都可以吃，根是白白的、帶有小節的圓柱形草稈，我更喜歡吃的是葉子，心形的葉子翠綠惹人喜愛，用紅油一拌，脆爽辣口，別提多過癮啦！可是不要望文生義，它是土裡長的東西，不是水生植物，你有興趣的話還可以在花盆裡種，只要土質對了很容易繁殖生長，夠你享用的了。

　　由於折耳根有宣肺、強壯氣管的功效，保健效果很明顯，現在北京人也開始食用。製法也有很多：最常見的是涼拌和折耳根炒肉絲。涼拌可用根也可以用葉子，可以單獨拌折耳根也可以和其他蔬菜一塊拌。簡單而又好做的是拌四蔬——把胡蘿蔔、萵筍、芹菜切成均勻的細絲和折耳根一起盛在平盤裡，上面鋪好辣椒丁、薑末、蔥絲、蒜蓉，倒幾粒豆豉，然後燒一勺略冒青煙的花生油，加幾粒乾花椒出香味後均勻地繞圈澆在蔬菜絲上，伴隨著吱啦吱啦的聲音，香氣就出來了，先別慌，還要淋上山西的老陳醋，然後用筷子一拌就可以享用了，那味道真是，好像整個春天的鮮嫩都在你嘴裡了。

晚上的時候我們更喜歡用折耳根炒肉絲。也是很簡單的家常菜，因為沒有涼拌菜那麼多調料，折耳根的本味更濃厚些。還有的朋友更加推陳出新，將水煮肉中墊底的油菜換了折耳根，嗯，這新派川菜的味道還真不錯！

16. 鄉土果凍──冰粉

有個朋友特別愛吃果凍，一天到晚，看見她的時候，手裡總是拿著一個果凍。我笑她像個小女孩，她總是笑嘻嘻地說：「沒辦法啊，我喜歡吃。」說得多了，她就誇張地舉起小拳頭：「怎麼著，我們家祖傳三代是做果凍的……」

我不愛吃果凍，因為我愛吃冰粉。這個名字很奇怪，因為它既不是冰，也不是粉。

冰粉是冰粉籽做的食品。冰粉籽是長在一種草上面的種子，這種草在四川、雲南等地是很常見的，在田埂上可以長到半人高。

它會開藍紫色的小花，雖然不像薰衣草那麼濃豔也沒有那麼香氣迷人，可是等花謝了，花托膨大，裡面會長出比芝麻還小的小點點的綠色種子。把這些小傢伙收集起來，等到曬乾了，就變成一身古銅色的皮膚，這就是可以做冰粉的冰粉籽了。做冰粉還需要另外一樣東西，就是石灰。把石灰巧妙地運用到食物製作之中，大概中國人已經發揮得隨心所欲。我的朋友喝液體鈣的時候，總會一邊喝一邊皺著眉頭說：「好像吃牆似的」，這時我就想，外國人在食品方面總是用不好石灰。

做冰粉的時候，把冰粉籽包在紗布里，打一盆涼井水（自來水也可以，但是不能用涼開水，我也不知道為什麼，反正用了涼開水就做不成）浸潤了，然後使勁用雙手搓，慢慢的你會看見一團團絮狀的東西在水裡飄散開來。等到什麼東西也搓不出來了，就把調好的石灰水倒入盆裡，不用太多，可以試著倒，然後攪拌一下，等一會，就會看見凝成的透明的結塊。等到全部凝成了，冰粉的主料也就做好了。

冰粉本身沒有什麼味道，可是它的質感真是非常誘人。它不像果凍那麼硬挺，而是顫顫巍巍的，好像一碰就要散開，可是又有一些彈性，像是水快要變成固體的狀態；而又透明，彷彿水晶，可是內部又有層次。在四川，一般就是澆上紅糖汁，喜歡更冷的，還可以撒上碎冰。小女孩們有時候也會倒

上牛奶或者椰漿，然後拌上紅紅的西瓜丁、瑩白的梨子丁；再講究些的，會加上滋陰的枸杞子，撒上補鋅的黑芝麻，一碗粉妝玉裹、嬌嬈萬分的冰粉糖水就橫空出世了。在雲南，因為人們喜歡食用鮮花，就有一樣特殊的調味了──玫瑰糖。用新鮮的玫瑰花瓣，拿泉水洗乾淨了，一層花瓣一層白砂糖，壓得緊密結實，在小瓷罐子裡，放上一段時間，就會成為花、糖一體的甜醬，拌在冰粉裡，濃濃的玫瑰芳香。據說我的朋友，就是這幾塊錢散發著玫瑰香氣的冰粉把女朋友「騙」到手了！

在大理古城，經常在大青樹下還有冰粉攤子，真的是把冰粉這種食品發揮到極致了。一個玻璃櫃子裡，放著煮好、糖滷過的綠豆、紅豆、薏米、小菱角、核桃、芝麻、花生、蓮子、櫻桃、紅棗、各色果脯……，這些都是拌冰粉的小料，隨客人喜好添加。吃上這樣的一碗冰粉，入口有冰粉的滑、花生的脆、芝麻的香、蓮子的清甜、櫻桃的嬌美、綠豆的清涼與綿沙，然後這種種美妙的滋味隨著冰水的清涼直入肺腑，然後又散入四肢百骸，這時候你就會很牛地說一句話：「哼，果凍算什麼！」

當我就這樣很牛的到朋友家去的時候，她一副不以為然的樣子，然後拿出冰粉籽和新鮮的螺旋藻和成的面膜，往臉上認真塗抹，隨後舒服得往沙發上一躺，我在心裡不由得說了一句：「哼，還是你更牛！」

17. 愛不夠的南瓜

大凡愛一個人，便恨不能含在嘴裡、捧在手上，然而含在嘴裡怕化了，捧在手上怕摔了。最保險的，是吃到肚子裡。吃還不能剩下什麼，剩下點手臂腿兒的說明你愛得不深，我看《西遊記》裡妖怪要是吃唐僧，大概是連渣都不會剩的，剩了就說明唐僧不值錢了。

我就是把這種愛博大化了，戲謂之「博愛」。

但是主要針對食物。食物裡「博愛」的最徹底的是南瓜。為什麼這麼說呢？因為南瓜一家子都讓我思索著吃了，真正的一點沒剩。

先說小的時候。那時候，南瓜還是南瓜子，我就把它炒了吃，如果小孩腸胃不好，有蟲子什麼的，就生吃，效果好得很。

偶爾有漏網之子，在地裡長到出現嫩莖的時候，我又出現了。所以，這個別漏網實在是有意為之。

南瓜的嫩莖叫什麼呢？叫南瓜尖。南瓜尖上有蜷曲的細絲，還有帶著絨毛的小葉子，可以切成小段大火少油快炒，臨出鍋再撒上大蒜蓉，瓜尖翠綠爽嫩，蒜香撲鼻，還清淡不長肉兒。也可以燒湯吃，就追求「X」（音pa），南瓜尖要軟糯，可是湯也是一樣的清爽。

等著瓜尖吃差不多了，南瓜要開花了。南瓜花其實不難看，黃黃的一大朵，挺招人喜歡的。那怎麼辦呢？接著吃。怎麼吃呢？對付它的方法可多了。

可以把瓜花炒著吃，別有一股鮮味兒；也可以把瓜花用水焯一下，等它軟了，用細細的豬肉糜子和了薑蓉，做成小豬肉丸子，包在瓜花裡，上鍋蒸熟了吃；還可以來個更絕的，把瓜花裡麵一樣包了肉餡，外面用芭蕉葉子裹起來，一小塊一小塊夾在火堆上烤著吃，融合了芭蕉的清香就更好吃了。

瓜花吃過了，小青南瓜該上市了。中國人都愛吃小的——男人要吃小蜜，女人要吃小白臉兒，吃豬要乳豬，吃雞要仔雞，所以，吃南瓜要小青南瓜。

　　別管邏輯，重要的是把小青南瓜切成塊，用上好的苕粉，加上豬肉塊，加些雞湯一起燴了吃。別看做法挺粗糙，青南瓜可是帶來大自然氣息的美餐，我就把它叫做「大自然一鍋燴」。

　　小青南瓜年紀大了，就變成了老南瓜。老南瓜就更受我歡迎了。切成塊，可以放在米飯上一起蒸熟了吃，預防糖尿病，又有甜味；可以放在米粥裡一起煮了吃，遇上一個又面又甜的，真是一大快事；還可以和百合一起蒸了，切點荸薺丁和梨丁，又止咳又潤肺的藥膳甜品啊；還可以把南瓜煮軟，煮南瓜的湯和麵，南瓜打成泥做餡，包成南瓜餡的小餅，煎了吃、炸了吃、烤了吃；最不濟的也能把南瓜瓢子掏空了，做個容器，裝什麼乳鴿吞魚翅之類的，我倒是覺得南瓜比魚翅還好吃些。可惜在北京的時候，老南瓜反而少，菜市場上基本都是小倭瓜，它們也來侵略了。

　　這不說到老南瓜了嘛，老南瓜不就有南瓜子了嘛。得了，從頭接著吃。人家愚公移山是「子子孫孫無窮匱焉」，這南瓜讓我吃的也是循環往復、螺旋上升。您說，我能不愛南瓜嗎？

18. 徽有苔

安徽在我的心裡一直是個鐘靈毓秀的地方，雖然古之徽州和今之安徽的疆域並不完全吻合，但是安徽承徽州餘韻，總是讓我有些神往。我曾經的夢想就是在水陽江邊、杏花村裡，黛瓦白牆的小居，夕陽透過馬頭牆照在芭蕉叢上，竹林裡新集的露水泡著一碗黃山雲霧，茶香氤氳，不知塵世變遷。

隨著年齡越來越大，人也越來越現實。年少時出世的夢想、獨立清流的幻夢已經遠去，不過現實中的香氣卻始終如一。我想這安徽的香氣大概主要來自於苔菜。

苔菜是我很愛吃的一種蔬菜。不過這種菜好像不太常見，知道的人也不多。後來我才知道它也叫貢菜，是從乾隆年間開始進貢皇帝的。

有關苔菜栽培的記載最早見於秦朝，至今大概已經有 2200 多年了。其實愛吃苔菜的人還是很多的，比如老子他老人家，還有張良，據說他除了從黃石公手裡取得「天書」，還得到了真人賜的苔菜，治好了他的中氣不足之症。

當然這些事情具體已經不可考，不過我很欽佩的偉人周恩來總理倒也很愛吃苔菜，而且因為吃苔菜時清脆有聲，還把苔菜形象地稱為「響菜」。

苔菜大概是世界上最早的脫水蔬菜了。秋苔菜莖除葉去皮切開，但是根部一端仍相連，便於搭曬。苔片大部分水分蒸發後，萎蔫成很有韌性的綠色蔬菜細條，就可以扎把上市出售，就是我們看到的苔菜了。

《本草綱目》記載，苔干具有健胃、利水、清熱解毒、抑制肥胖、降壓、軟化血管等功能。常食則延年益壽。而在現代，經檢驗，苔干含有營養豐富的蛋白質、果膠及多種氨基酸、維生素和人體必需的鈣、鐵、鋅、胡蘿蔔素、鉀、鈉、磷等多種微量元素及碳水化合物，特別是維生素 E 含量較高，故有「天然保健品，植物營養素」之美稱。

苔菜的食用方法通常是涼拌。用冷水泡發苔菜，大概需要一小時就可以了；有的時候時間緊也用溫水泡，半小時就發開了，可是脆嫩程度就不如冷

水泡的好。然後把苔菜切成寸把小段，加上老陳醋、鹽和蒜蓉，拌好後淋上幾滴香油，就可以了，不用放什麼其他複雜的調味品。但是吃起來鮮脆無比，韌性又很好，滿嘴都是清香氣，還有一種吃海蜇皮的感覺。我的香港朋友們也知道苔菜，不過他們叫它「香菜」。

苔菜也可以和肉燒著吃，或者用來炒豆芽。炒豆芽的時候最好能放些香乾絲，我覺得苔菜和豆製品很搭配，有鮮爽的雞肉味道。我在一些火鍋店倒是看見可以提供苔菜涮火鍋吃，我試了一下，口感還是沒變，可是往往辣椒奪了苔菜的鮮味，我覺得很難吃出苔菜的妙處來。

傳說古時瘟疫降臨時，苔菜曾經被老子用來救治病患，有藥到病除的神效，這當然是個美好的傳說。可是我倒是覺得苔菜裡真有那麼一股清氣縈繞，就是不知道是不是老子得道而去時特意留下的。不過這股氣更像是劍氣，如同久不聯繫的朋友突然發來問候的簡訊，臉上還沒來得及堆起笑容，就被這突如其來的一劍劃破護體的面紗。

19. 松蔭下的寶藏

大理歷經南詔國、大理國等頂峰時期，上下四千年輝煌歷史，不僅是文獻名邦，想來也遺留不少寶藏。無量山的寶藏就被金庸老先生知道了，不過據他說已經讓段譽占了便宜。這些寶藏大多都是要歷經九死一生，最終可能得到，也可能把小命嗚呼，像段譽那樣沒有目的而最終得到寶藏的人不多。可是大理還有就在眼前、每個人都能看見的寶藏，就要看有沒有緣分得到了。

蒼山新雨後，土地帶著潮濕的霧氣，被紅土高原的強烈陽光一烘烤，各種各樣的菌子在松蔭下迫不及待地露出一個個緊緊擠著的小腦袋，同去采菌子的人，不時驚叫一聲，肯定是又發現了一叢新鮮的菌子，每個人臉上都洋溢著滿足開朗的笑容，真的是比得到南詔王的寶藏還要快樂。

更為關鍵的是，寶藏往往想要獨吞，而采到的菌子大家會拿出來或者招呼同伴一起觀看搜尋，把自己的快樂分給每一個同來的人。

其實菌子真的就是寶藏。大理的菌子很多，樹花、青蛙皮、乾巴菌子、雞樅、雞油菌、紅菌子、白參、松茸、牛肝菌等等，琳瑯滿目，品種不可窮盡。

青蛙皮也叫樹蝴蝶，可不是從青蛙身上剝下來的皮，如果那樣，我想沒有什麼人吃得下去。

青蛙皮只是白斑和綠地子相間，看起來好像是青蛙的皮一樣，其實是長在樹上的一種苔蘚。青蛙皮吃起來略硬一些，入口也有點苦澀的味道，但是青蛙皮很有嚼頭，它的味道都是藏在後面慢慢舒展開來的，在口腔裡充滿神奇的香味。青蛙皮可以涼拌，大多用雲南小米辣子和醋，當然也可以做熱菜，和雲腿同炒，就更增添了火腿的香氣。

雞油菌也是我的最愛。它通常都躲在松針腐化肥沃的地方，一個個顏色油黃，就像雞油般肥腴。雞油菌可以和任意的肉類蔬菜搭配，但是我覺得反而不能夠充分體現雞油菌的醇香。我便喜歡清炒雞油菌，用不多的菜油煉好了，便把雞油菌翻炒數下，略微燜一會，加點切好的青紅甜椒的小丁，就可

以出鍋了，既有蔬菜的清鮮氣，還有雞油菌特殊的類似於雞肉的香味，在嘴裡一嚼，多汁且香氣四溢。

　　白參也是不容易找到的美味，是指甲蓋大小般的白色小菌子，可是卻蘊藏了無限的美味。新鮮的白參炒青辣椒，吃過之後往往陷入發呆狀態，一時半會不能從它的美味中遊走出來。如果是乾的白參，可以用溫水泡一會，擠乾水分，裹上蛋液，在油裡炸透，別有一種風味，和鮮的白參比較起來，就如同林黛玉比薛寶釵，「別有一段天然風流態度」。

　　還有雞樅油，還有青椒爆牛肝菌，還有松茸湯，還有油炸乾巴菌子，還有清煮青頭菌……大理的菌子太多了，菌子的美味也各得其妙。寶藏非人人能得，而蒼山雨霽，松蔭下的寶藏——菌子——還是容易得到的。我們不妨去「尋寶」吧。

20. 紅豆是為心之谷

　　肯德基曾經熱播過其「大納言紅豆蛋撻」的廣告，我看了很不以為然。

　　大納言是古代日本的一個官職，類似於中國古代的諫官，可以和天皇討論政事，直言而不被處以剖腹之刑。大納言紅豆據說是日本紅豆的一個品種，因為久煮不至於破皮，就像大納言一樣不至於破腹，故命名為大納言紅豆。

　　我沒有什麼仇日情緒，但是我覺得在現代中國宣傳什麼大納言紅豆非常可笑。且不說紅豆不破皮並不能代表著紅豆品質好，就單說紅豆本身的豆腥氣，並不適合與滑嫩的雞蛋同時出現，拿日本人的口味在中國大肆廣而告之，好像有點用蘇格蘭威士忌在法國宣傳跟拿破崙的關係一樣荒唐。

　　我不喜歡什麼大納言，卻著實喜歡紅豆。每個中國人，大概最熟悉的紅豆食品就是以前甚為流行過一段時間的小豆冰棍。紅豆又稱紅小豆或者赤豆，小的時候那五分錢的小豆冰棍，小豆顆顆紅潤，集中在冰棍的頂部，吃起來甚為冰爽香甜，時至今日，冰棍基本上已經退出歷史舞台，有更為高檔的冰淇淋、雪糕等等，但是我還是很懷念小時候那鮮爽的美味，這是現在的冰品所不能達到的。

　　李時珍稱紅小豆為「心之谷」，其功用為「生津液，利小便，消脹，除腫」，並可以「解酒毒，除寒熱痛腫，排膿散血」。我小的時候，一次在河灘草叢裡睡著了，等家人發現，身上已經被毒蚊子咬得滿是腫包，當時除奇癢難耐之外，並無其他不適，可是日後卻每年一度在初秋之際身上長滿疱疹，備受折磨。

　　求醫問藥，大概毒素未能拔盡，便總難生效。我的母親便時時熬紅豆湯與我喝，當時只覺得在炎氣未消之時，一碗冰涼沁口的紅豆湯下肚，真的是人生一大快事；後來宿疾漸消，長大了略習中醫，才知道毒素誘發濕熱，紅豆恰好可以破除病根，也終於明白為什麼每一位母親都是世界上最為偉大的「食醫」。

平時在家吃的還有紅豆飯。就是將紅豆和米飯一同煮了,盛在白瓷碗裡,點點紅斑,分外好看。父親的農業知識比較豐富,便有時敘說紅豆的選擇之道。

那顏色紅豔,還有油光的紅豆大部分是沙地上生長,味道香甜;那顏色暗紅,飽滿結實的紅豆多是土地上成熟,入口粉綿。所以,我們家熬湯的紅豆多用前者,煮飯的紅豆便用後者,而包豆沙包的便用了兩者混合。

豆沙包也是家裡常常蒸制的一種調劑生活的食品。

將紅豆浸泡、煮熟,細細地碾為泥,有時還同時煮了蜜棗,增加了豆沙的香甜,然後包在發好的麵皮裡。有的是光滑的半圓,有的為了好區別中間有一道褶,而在節日裡,通常會包成刺猬、白兔等小動物的形狀,便成為節日裡我最好的點心。

小時候,端午節裡,母親除了慣常包蜜棗的粽子外,也喜歡用紅豆。我喜歡蒸粽子的香氣,粽葉的清鮮、紅豆的香甜、大棗的甜蜜、糯米的清香混合著在空氣裡飄散,不多時,就在廚房玻璃上凝成誘人的水氣,一道道滑下來之後,露出我滿含期待的小臉。紅豆沙粽子很適合涼了以後吃,晶瑩的糯米,點綴顆顆紅豔的小豆,配了綠色的粽葉,蘸了星星點點的砂糖,甜、香、糯、黏,常常讓我吃個精光。

後來到了雲南,才知道雲南還有更為奇妙的吃法——酥紅豆。和四川的酥豌豆類似,也是將紅豆炸酥,用豬肉渣和酸醃菜末炒了,紅豆酥脆,味道酸辣,別有風味。

中國是世界上紅豆產量最大的國家,日本每年都要從中國進口大量的紅豆以滿足國內所需。我並不在乎紅豆一定要在哪裡生產,但是我心裡非常明白的是,中國紅豆要用中國人的做法才能更加香甜,因為,紅豆在中國是「心之谷」,這個心,是人心、仁愛之心、敬孝之心,沒有心,就沒有好的飲食。

21. 食竹騙記

李昉所著《太平廣記》中曾經記載：「竹騙者，食竹之鼠也。生於深山溪谷竹林之中無人之境，非竹不食，巨如野狸，其肉肥脆。山民重之，每發地取之甚艱。岐梁睚眦之年，秦隴之地，無遠近岩谷之間，此物爭出，投城隍及所在民家。或穿墉壞城，或自門闞而入，犬食不盡，則併入人家房內，秦民之口腹飫焉。忽有童謠曰：『騙騙引黑牛，天差不自由。但看戊寅歲，楊在蜀江頭。』智者不能議之。庚午歲，大梁同州節度使劉知俊叛梁入秦，家於天水。天水破，流入蜀。居數年間，蜀人又謠曰：『黑牛無繫絆，棕繩一時斷。』

偽蜀先主聞之，懼曰：『黑牛者，劉之小字；棕繩者，吾子孫之名也。蓋前輩連宗字，後輩連承字為名，棕繩與宗承同音。吾老矣，得不為子孫之患乎？』

於是害劉公以厭之。明年，歲在戊寅，先主不豫，闔眼劉公在目前。蜀人懼之，遂粉劉之骨，揚入於蜀江。先主尋崩。議者方知騙者劉也，黑牛者劉之小字，戊寅歲揚骨入於蜀江之應。（出《王氏見聞》）」這篇文字放在「讖應」篇裡，先還說竹騙美味，繼又說屬於害獸，本來心裡很是期待能一嘗這人間美味，可是從結果來看，竹騙不僅預示世道，而且最後成功應驗，讓我總覺得竹騙是個體現天威難測的東西，最好敬而遠之。

可是朋友們卻不這麼看。老張在回騰衝熱海景區的路上，發現一位老大媽手中提一籠子，內中之物黑灰肥胖，短耳尖吻，如兔狀，卻有一條細長的小尾巴。竹騙！老張一聲大叫，急剎車，一番慷慨激昂的唇槍舌戰，從老鄉大媽手中買到了這只竹騙。這個消息像長了翅膀一樣，不僅飛出方圓百里，還打著旋，村村寨寨角角落落都知道了。

竹騙當然也知道了它的命運，於是竹騙在陽臺上和我們展開了生死對決，還經常發出「呼呼」的聲音威脅我們。東西不少吃，胡蘿蔔、馬鈴薯一概笑納，牙齒鋒利，鐵籠不久即被咬穿。眾人蔘觀時，瞬間傾瀉百顆黑色便便以示警告。

眾人懼它牙尖嘴利，隔陽臺玻璃門形成兩軍對峙狀態。

等到真正準備大開殺戒之時，來了一位高人。經高人指點我們找到它的致命弱點——用衣服架子輕輕一敲腦袋，一下開始搖晃，兩下徹底暈倒，之後裝入麻袋中迅速送往餐廳。具體屠殺細節我不知道，就是大家排排坐等著品嚐。

因為僧多粥少（其實是狼多肉少），用竹䶄和土雞配在一起做了一鍋黃燜竹䶄雞。剛剛上桌，就香氣四溢。竹䶄肉質脆嫩，皮很筋道，入口生香，配上雞湯和紅油，滋味無窮。不出幾分鐘，即消滅乾淨。老張張羅的配菜為油雞樅菌子、蘿蔔干臘肉等等，豐盛回味，是為之記。

考「麩」烤麩是我非常愛吃的食品。有些朋友沒有吃過，以為是像奶油泡芙般的東西，這倒引起我考證一下烤麩的興趣。

其實說起麩，應該是指麥子的粗皮，後來大概也指比較粗的麥麵。從元代賈銘的《飲食須知》的記載來看：「麩中洗出麵筋，味甘性涼，以油炒煎則性熱矣」，這裡的「麩」應該是白麵，否則，麥麩是絕對洗不出麵筋的。李時珍的《本草綱目》中也說：「麵筋，以麩與麵水中揉洗而成者。」那麼，這裡的「麩」大概是指粗麵粉。

麵筋來源於麩麵，那麼「麩」怎麼又變成麵筋了呢？具體的原因已不能考，但是中國古代很多時候都會使用食物的原料來代指食物。而且用「麩」來代指麵筋，應該很早就已經使用了。宋朝吳自牧的《夢粱錄》中記載麵筋的吃法的時候，已經使用了「麩」來代替，例如「糟醬燒麩」、「麩筍素羹飯」、「乳水龍麩」等等。但是沒有發現烤麩的叫法，事實上從現在麩的吃法來看，叫做「燒麩」更貼切。

那麼燒麩怎麼變成烤麩了呢？要知道，烤麩其實並沒有使用烤制的方法。

我猜測，大概是因為烤麩的顏色比較像是烤製出來的。元人曾經有詠麩筋的詩，其中寫道：「山筍麩筋味何深，箸下宜素又宜葷。黃潤光亮喜入眼，濃汁共炙和雞豚。」大概就是這「黃潤光亮」，就把燒麩變成烤麩了。

在現代，麩就是直接指代麵筋了，而且很有可能專指熟麵筋。麵筋有生、熟之分。生麵筋用麵直接水揉，剩下麵的精華如麵之筋骨者即成；熟麵筋要把生麵筋發酵，出現小的氣泡孔，然後蒸熟。在西北，食用稻米麵皮（其實是米皮子，但是當地一律稱為「麵皮」）時多配放切成細長小丁的熟麵筋，而吃黃麵皮（小米麵做成）的時候，一般不放。但是，在西北，麵筋就是麵筋，你叫人家幫你放「麩」，人家大概會瞪你兩眼，不知你之所雲。魯菜中有道素排骨，用山藥小段穿在小塊麵筋中，用油炸成金黃，然後用雞湯收汁，雖然味道絕佳，然而也不叫麩。叫麩的大概只有江浙滬一帶。

　　要說到麩的做法，林洪在《山家清供》中曾經說過一道「假煎肉」：用小嫩葫蘆切片加豬油熬，然後麵筋切片用油煎熟，再加上蔥油一起炒，然後噴些酒，炒乾汁，據說和煎肉的味道無有二致。林洪所說的「山家」，大概是為了山家而山家，真正的山家恐怕不會如此捨本逐末，既如此，何不如東坡居士「少著水，慢著火，火候足時它自美」，認認真真烹頓豬肉多好，「百菜唯有白菜美，諸肉只有豬肉香」，也是種境界。如此附庸風雅，真真是吃飽了撐的。相比之下，清朝薛寶臣的「五味麵筋」倒還是真雅了——用濃茶把麵筋細細的泡過，再用糖、醋、醬油小火煨入味，然後加些薑末。想見也肯定頗爽口，總比折磨麵筋強得多。

　　上海的四鮮烤麩是我最喜歡吃的一種麩的做法了。四鮮烤麩是把麩切成小塊，黃黃的，油汪汪的，每個小孔裡都浸滿了鮮美的濃汁。

　　還有一起滷燒出來的黑木耳、金針、筍片和花生米，真正的是鮮上加鮮。夾起一塊來，略帶顫顫巍巍的，送入口中一嚼，鮮美的湯汁從烤麩裡奔湧而出，活潑得到處亂跑，迅速把清香佈滿整個口腔，然後你又能慢慢品出麵筋本身的糧食的質感和香氣。所以小的時候，我改善生活，倒不總是盼著吃肉，而是纏著父母從比較大的菜市場買回上海產的四鮮烤麩罐頭，那種圓柱形的黃鐵皮罐頭曾經蘊藏著飽滿而神奇的香氣，瀰散在我整個並不富有但是開心的童年時光裡。

22. 別拿蟲子不當菜

傣族有句老話：「綠的都算菜，動的都是肉」，所以，很多昆蟲都是傣族的美味佳餚。其實不僅是傣族，白族、哈尼族、仫佬族等等雲南的少數民族都有吃昆蟲的習慣。

食用昆蟲也算是歷史悠久、有淵源可循。在漢初的《爾雅》上就記載了人們吃土蜂或木蜂（幼蟲或蛹）的事情。《禮記》上還有秦漢以前帝王貴族宴會用蟬和蜂作佳餚的記載。公元 877 年劉恂著的《嶺表錄異》記載：交廣溪洞間的酋長，向群眾徵收蟻卵，用鹽醃製成醬，叫蟻子醬，用以招待官客和親友。明代李時珍的《本草綱目》一書，共記載了食用和藥用昆蟲 76 種。徐光啟所著的《農政全書》中也有「唐貞觀元年夏蝗。民蒸蝗爆，去翅而食」的表述。

但是真正將昆蟲作為菜餚，並真正享受到了昆蟲的美味的是雲南的少數民族。我不是少數民族，但是熱衷於嘗試一切有意思的食品，尤其是這些來源於大自然的食材。

在昆蟲裡面，其實我品嚐過很多種，也不侷限於雲南的吃法。

像什麼廈門的土筍凍、廣東的沙蟲等等我都吃過，各有各的爽滑鮮美之處，但是在昆蟲裡我還是喜歡我自己命名的「四大金剛」。

這四大金剛就是「蜂仁、竹蟲、知了、螞蚱」，都是雲南值得一嘗的美味。蜂仁是蜂子的幼蟲，在蜂房裡甜甜美美的待著，六角形的小孔裡每個裡面一個胖胖的蜂仁。不想災禍從天而降，先是煙燻火燎，然後便是「家破蜂亡」。蜂仁常見的做法是直接用油炸了，一個個微黃而酥脆，很適合當零嘴吃，既不會發胖，也還有一定的藥用價值。沒有蜂仁的蜂房在醫書上叫做露蜂房，也是一味很好的中藥材，可以治療無名腫毒。不過我還喜歡一種吃法就是蜂仁湯。紅紅的色澤配著點點炸的金黃焦脆的蜂仁，不僅色彩上很誘人，吃在嘴裡，鮮辣的味道、湯的滑膩、蜂仁的脆嫩，形成了強烈的質的對比，更妙的是下面還是瑩白的米線，讓你覺得整個雲南的味道都在裡面了。

竹蟲是可遇不可求的美味。竹蟲可以說一生都在竹子裡，小的時候就在竹筍尖裡孵化，然後隨著竹筍長大成竹子，它也平步青雲，直上半空，可是在竹子外面一點看不出來它潛伏的蛛絲馬跡。往往，傣族同胞或者其他人砍伐了竹子來做竹器，才在竹子梢頭髮現一堆盤踞的竹蟲，便歡喜雀躍，把這「躲藏在內部的敵人」倒出來，點上火堆，尋了芭蕉葉子來包好，放在火堆灰下面煨著，不一會，竹蟲烤熟了，發出清香，如果有鹽巴就撒一點，扔在嘴裡，脆裡帶著綿軟，還有一股竹子的清香，似乎比蜂仁更有一絲清鮮的脫俗味道。

現在有時也會把竹蟲炸著吃，甚至裹上雞蛋糊，可是我覺得味道都不夠原始，最好吃的還是在壩子裡龍竹旁烤著吃的竹蟲。

知了並不被少數民族所獨享，我在濟南一帶遊歷的時候，曾經看見大街上擺著地攤賣成堆的知了，濟南有道傳統菜叫做「炸金蟬」的就是它了。可是我感覺炸金蟬味道略苦，並不細膩，而且從捕蟬的方式上也並不像雲南那麼浪漫。雲南的傣族地區，壩子裡的兒童往往在黃昏手裡拿著一種竹刷子，摩擦發出「嚓嚓」的聲音，便吸引了知了成片的飛來，正好做了俘虜，被鉸了翅膀、撕去腿腳，然後丟在烤罐裡乾烤，烤熟了便加點油鹽，是味比龍蝦的美味。而小卜哨（姑娘）和小卜冒（小夥子）們就往往晚上去林子裡捕蟬，不是「聲誘」，而是「光誘」，用了松明子火把，但是據我看來，捕蟬不過是小卜冒們約會小卜哨的一個藉口，往往捕到心愛的姑娘，知了倒是沒見幾個。

而在漢地，知了的吃法是更加精緻化了。我吃過一種叫做「知了釀肉餡」，是把知了去翅去腿，然後背上劃開十字，塞入調了味的豬肉餡，然後合好炸熟，更有肥濃鮮美的味道。

我在北京這六年來，有的時候饞了，就去前門大柵欄裡面的一個小巷子口，很不起眼的雲南特產商店，買一瓶油鹵腐，買一包酸筍，常常也買幾小包炸螞蚱。螞蚱很脆，吃完了整包，袋子裡還剩下一點點零碎的螞蚱腿，細細品了來，好比大閘蟹那麼珍貴。雖然螞蚱沒有什麼肉，但是作為向蝗災宣

戰的方式我想沒有什麼比這更好的了。螞蚱也可以火烤,沒有什麼油氣,就更適合下酒,而炸螞蚱我往往是配了饅頭來吃。

　　昆蟲生長於斯,人類生長於斯,以昆蟲果腹,似乎有眾生不平等的嫌疑,然而,如果真的被視為美味,昆蟲便也似乎死得其所了。

23. 春天送來馬蘭頭

大董師傅在他的部落格上，描繪了他去江南發現新鮮美味的經歷。不羨慕白汁河豚的美味，想不起雞湯乾絲的鮮香，卻偏偏聞到了馬蘭頭特有的清香。

大董師傅介紹的是一種豆油煎的馬蘭頭餛飩。想來也應該更加美味，不過，我自己比較喜歡的就是涼拌馬蘭頭。

馬蘭頭是田間的野草，南方也叫它路邊菊，四川還叫它泥鰍串草，我自己還是覺得「馬蘭頭」的名字好些。

這名字既不附庸風雅，又不土得掉渣，叫起來還朗朗上口，雅俗共賞。

馬蘭頭平常不被大家注意，但是一到春天，春之神給了它嫩綠的清香，這股子香，估計也吸引了很多人，所以，在江南，馬蘭頭便是春天時令的菜蔬。

文學名家汪曾祺先生也是一位美食家，他就曾經介紹過：把馬蘭頭用開水燙熟擠乾，拌以細鹽、碎香干丁，再淋以芝麻油。當然也有人愛用馬蘭頭配以嫩豆腐煮羹吃；或者先用熱油煸雞絲，再投馬蘭急火炒幾下作下酒菜；或者以馬蘭與火腿末、海米、雞絲調製成餡，用來包餛飩做餃子。

汪先生和董師傅都是一時美食大家，我就比較鄉土。我覺得馬蘭頭的清鮮還是不過多修飾的好，用水略燙了，便剁成較細的末，直接撒點細鹽，略出點水，用一點芝麻油拌了。油不要太多，主要是為了增加口感的滑，多了，麻油的香氣反而喧賓奪主，套用朋友家阿婆的一句話：「真真是丫頭倒比主子威風。」

看來不管是什麼菜，生對了時候，便擁有自己的春天。

24. 幸福的毒藥

　　經歷過的還有沒經歷過的哲人們說：婚姻是愛情的墳墓，此言一出，趨之者眾。我想，大抵這墳墓還是男女雙方自己建成的，而且在婚姻前就已中毒，只是毒發的結果吧。武俠小說又稱之為「成人童話」，在成人的世界裡常常用到一種叫做「蠱」的毒藥，下毒於無形，傷人於隨時，可是一旦得遇高人，便往往反噬主人，下毒的人反受自己的毒害。而做飯就是愛情之中的「蠱」——一劑幸福的毒藥。

　　江湖中下蠱，大半因了愛情沒有歸路，蠱是痴心的女子或男子對變心愛人最後的愛的告白，往往慘烈而達不到效果。做飯就不同，我的一個朋友，絕對的掌上明珠再加波波小資，聲稱從小到大不知做飯為何物，忽有一日，不再和大家一起K歌，安靜地捧了一本書在研讀。不由詫異，趁其不備搶了來看，竟是一本食譜。再看她一臉嬌羞的淺笑，明白此人中愛情的毒已深矣。

　　不幾日，言談之中竟也對飲食之道侃侃道來，恨不得把每日為愛人做的食譜拿來與大家分享。其實，菜也不過是家常菜和前一陣子流行的所謂「快手菜」，大多要利用了罐頭、熱狗、雞蛋等簡單物料，卻是基本功不扎實的人的一條捷徑。可是其中有最好的調味品，就是愛情的味道，雖然我嘗試過一次，覺得五味雜陳，苦不堪言，正待實言相告之際，卻見其男友吃得眉開眼笑，於是只能生生憋了回去。

　　又待半年，該女子已經廚藝嫻熟，連我這等挑剔之人也要讚聲好，然而，一夕之間，所有的努力付之東流。男友因了工作的原因去新加坡交流三個月，回來後再不似往昔甜蜜，再拖三個月，終於分手，原因之一是該女子全部精力在於研習食譜，已經做不到「上得了廳堂，下得了廚房」，末了，又補充了一句：我不願意她為了我而改變。變心人的言語才是猛藥，殺人而不見血。

　　愛情流逝了，隨之而去的還有廚藝。從此朋友再不進廚房，我們一班狐男狗女看在眼裡急在心裡，鼓動著要她大顯身手，卻不是鹹了就是淡了，再不復往日滋味。時間是療傷聖手，又過兩年，她忽而召集大家家庭聚餐，舉

手投足間，波瀾不驚，鍋中湯似海底針，做得認真，吃得平靜。大家終於心中石頭落地。

再談戀愛，就已遊刃有餘，連帶手中的廚藝。當新任男友剛剛得蒙「飯召」（召見男朋友並有親手燒飯的貴賓待遇，簡稱飯召），就大顯身手，吃得男朋友感激涕零，飯桌上就以身相許。後來二人稍有矛盾，朋友不過莞爾一笑，輕輕道：「你今後對我好呢，我就一日三餐精心烹製；如果對我不好，我可就自願下崗，只做自己的了。」一個人堅定一次信念不難，難的是一輩子堅定一個信念，何況經受一日三餐的酷刑？男朋友從此再不敢動妄念，江湖中遂成一段佳話。

大婚後再和其探討食譜，真正的食味知髓，談笑間，究竟是美味佳餚還是欺世之作，一瞬都現原形。不由暗嘆：真正的用毒高手，從來都是大而無形而又隱沒於江湖的。

25. 喝湯、長大與示弱

小時候我是不怎麼喝湯的，喜歡喝粥。

湯淡了，在嘴裡沒有什麼滋味，嚥下去的時候不由想起《水滸傳》裡的一句粗話：「嘴裡真的是淡出鳥來了！」我四歲讀《水滸傳》，母親大人非常高興，認為是家風相傳，文氣鼎盛，卻不知就看出這麼一句虛話，我真是汗顏啊。於是家人說我味兒重，這湯也就變鹹了。可是初到嘴裡覺得滋味濃厚，喝完之後卻覺得不如不喝，還需再喝幾碗白水以解渴。所以，小的時候我更愛喝粥，白米在沙鍋裡熬得稠濃，上面不用鍋蓋，用鮮荷葉蓋著，粥裡自然逸出荷葉的清香，粥色也變得碧綠可愛。所以有一日讀到金庸先生的《俠客行》，那夥江湖豪客在島主人一碗碧綠色的粥面前匐然色變，以為劇毒，不由哂笑——真是沒喝過粥的土包子。

長大了，再喝粥，首先是難得，沒有母親那麼周密的心境和對家人無微不至的關愛，自己又沒有什麼時間，又覺得喝粥有點過家家的意味，便將這份心淡薄了，偶爾也喝點湯，大多是酒店裡的，名字比較唬人，什麼龍鳳湯、山珍湯、烏雞湯，喝多了，覺得也都差不多，大抵是各種相應的原料在滾水中洗了幾遍澡，這洗澡水還不夠濃郁，便用上好的雞精細細的補了來。

真正的愛上喝湯卻是一位朋友自己在家熬得。過年無法回家，幾個朋友聚在北京，每人都下廚顯了幾小手，還記得朋友甲的紅燒蹄膀、可樂雞翅，我做的是清蒸鱖魚、熗拌青筍絲和家常炒年糕，朋友乙就做了白灼芥蘭和菜乾豬肺湯，當然還有會吃不會做的吃客若干。那次是我第一次接觸菜乾，原來是用新鮮的白菜曬乾而成，菜乾的好處既可儲存作長年食用，經太陽曬後，更吸收了日光的紫外線，顏色變成黑綠，吃起來細細品好像都有陽光的味道。那道湯在席上成為無可爭議的搶手頭牌，每個人都喝到了湯裡的融合的味道。

事後，回憶那湯的滋味是略略有點苦，含著豬肺和菜乾的清香，喝起來覺得滋味的層次很豐富，是很多滋味疊加融合的那種鮮，讓人揪心揪肺的，可是又清清的，基本看不見油花和醇厚的顏色。我的心裡一直癢癢的，所以，過了幾天，終於單獨約見了朋友乙，把他的獨門祕訣逼供了出來。原來做這

豬肺湯,豬肺要先用鹽細細搓過,再用冷水浸泡,然後晾乾,用烈白酒滲入,30分鐘後再進行清洗,便減輕了很多豬肺的異味。菜乾要選烏黑油亮的,略配幾個銀杏果。菜乾清熱,豬肺潤肺,菜乾、銀杏鮮甜,豬肺淡香,是最佳拍檔。

豬肺下煲之前還要先在鍋裡乾煎五到十分鐘。何謂乾煎呢?就是連油都不用放,將鐵鍋燒微熱,把豬肺洗淨後直接放到鍋裡煎,等它水分收乾變微黃之後就可以起鍋。正式煲時,絕對不能用冷水,滾水直接入煲。

我回去試了幾次,卻總覺得味道不對,再次請教,他一直默默看著,直到看到出煲,我要撒鹽時,他才大叫:「幹嘛還撒鹽!」原來這湯純粹是食材的本味,鹹味都靠豬肺搓洗時剩下的鹽味,鹽放多了,反而遮蓋了本身的味道。

那晚,我們邊喝湯邊閒聊,那時也正是梅豔芳梅姑撒手人寰的時日,生前風光無限,死後連個親密愛人都沒有。彼此聊起來,自是一片欷歔。突然想到梅姑死前別人對她的採訪,問她以前和現在有什麼不同?她略一思索,滄桑一笑:「以前總覺得自己是最強的,現在,終於學會了示弱。」我對這句話印象最深,感慨最多。做人和做湯一樣吧,鹽放多了本味就沒有了,人太強了,反而生活的很多趣味便也得不到。

26. 肉食者不鄙

　　《左傳·莊公十年》上有言曰：「肉食者鄙，未能遠謀。」而且是著名的曹劌老先生說的，一棒子把喜歡吃肉的人打倒，而且套上了為人粗鄙、目光短淺的枷鎖。幸虧孔老夫子牌子更硬、眼光也更亮，不好也把自己算在肉食者鄙之列，但是也不便明著反對，我們只好聞絃歌而知雅意，據記載推斷——孔子聽韶樂，喜愛之極，說：「三月不知肉味！」肉對孔子那個時代的人來說是很重要的，那時候老師的酬勞叫做「束修」，就是成捆的乾肉。可是孔子聽了美妙無比的韶樂之後，整個身心，很長一段時間都被韶樂所帶來的愉悅和回味所占據縈繞，通俗點說，也可能就是發呆，什麼也想不起來，然而三個月後感覺恢復正常了，首先想起來的是肉味，可見肉對孔老先生是很重要的。

　　我對肉食不是很看重，雖然後來從事了酒店工作，但是也仍然對肉食若即若離，倒不是害怕被歸為「鄙」這一類，也不擔心沒錢聽韶樂（當然現在有錢也聽不上了），主要是現在的肉越來越不像肉，所以肉味也越來越淡。可能是因為現在的豬、牛、雞都上速成班，雖然最後也堂而皇之的登堂入室，畢竟和生長在山林裡的農產品不可同日而語——我覺得農產品的重點就在一「農」字，農產品都大工業生產了，也就不應該算作農產品了。

　　唯獨，我在雲南，看見巍山小吃就走不動路了。巍山是古絲綢路上的重要城鎮，也是紅河的發源地，還有古老的洞經古樂，應該不輸韶樂之美，更重要的，巍山還有滷肉和肉。

　　這巍山滷肉，我以為最香的就是滷豬頭肉。滷豬頭肉一定要選用新鮮的豬頭，而且不能太大，要是用凍鮮肉，味道就差了很多。把豬頭用柴火燎盡鬃毛，切掉耳朵和拱嘴，劈為兩片，刷洗乾淨，入清水鍋中煮沸，換湯再煮，以去除異味。煮時要根據豬頭的份量加上適量的食鹽、醬油、花椒、大料、茴香、蔥、薑等調料，關鍵的是還不能少了香葉和草果。這都是雲南的特產香料，不僅香氣濃郁，而且除瘴避瘟。

滷好的豬頭肉，味道還不是一流。要放涼了，切成薄片，澆兩勺滷汁，配了細細的白蘿蔔絲，撒炒好的芝麻、花椒粉，拌上醬油和木瓜醋，再澆煉好的辣椒油，那香味隔著塑膠袋子都讓我忍不住加快回家的速度，好早點「消滅」它。

巍山肉一般都是在餌絲上出現，雲南頂有名的小吃就是巍山肉餌絲，而且一定要加巍山的名號，否則的話就有來路不正的嫌疑而無人問津。巍山肉確有其獨特的味道，是選取剛剛宰殺的新鮮豬後腿、肘子、腹部的三線肉，肥瘦相間，不柴不膩，在栗炭火上用猛火將外表燒焦，然後放進溫水裡浸泡一下後再將燒糊的毛渣刮洗乾淨，現出金黃透白的皮色後，放入大的沙鍋中，加適量草果、雲腿、本地閹雞肉，用文武兩火煮燉。經過一天一夜，肉爛味濃，奇香撲鼻。寫到這裡，我眼前彷彿都出現了一大碗巍山肉餌絲，肉香濃，餌絲白滑，配了乾焙的辣椒麵、香蔥花、大蒜汁，真的是滿嘴流涎，比孔子聽了韶樂後無有不及。

其實，不在乎原料多麼名貴，關鍵是烹製時加一片精心，正如蘇東坡所說「諸肉唯有豬肉美，百菜還是白菜香」。而只要有了這精心烹製的心意，我想，便也不會成為目光短淺的粗鄙之流了。

27. 享受吉鑫宴舞

雲南是歌舞的海洋，就連吃飯時也是歌舞翩翩。不過能把宴舞發展到如此規模的，大概吉鑫世博園是蠍子尾巴——獨一份啊。

宴舞，古已有之，據《新唐書·南詔傳》記載：「以笙推盤勸酹」，這就是南詔當時的宴舞。而比較知名的大概就是奉聖樂舞了。唐貞元十六年（889年）南詔王異牟尋向唐王朝敬獻《南詔奉聖樂》，南詔 640 人的大型樂舞進京，轟動了長安。唐德宗在德麟殿觀看演出，十分讚賞《南詔奉聖樂》，之後親自把它列為唐代十四部樂舞之一。宋之大理國有「五花爨弄」，明清有「堂會」。

這不難看出雲南宴樂舞源遠流長。

雲南是多民族聚居地區，生活著 26 個世居民族，數百個支系，他們勤勞勇敢，能歌善舞。雲南眾多的少數民族都有自己的特色歌舞，比如彝族的「海菜腔」、傣族的「孔雀舞」、白族的「八角鼓和霸王鞭」、藏族的「鍋莊」、傈僳族的「刀桿舞」、景頗族的「目腦縱歌」、佤族的「甩髮舞」等等。能夠把這些雲南特色歌舞在吃飯的時候展現給賓客，無疑是給了賓客難以忘卻的享受和體驗。

吉鑫世博園的規模也很大。一層是富麗堂皇的大廳，二層是宴會廳，同時能夠接待千人。宴會廳佈置得金紅富貴，舞台層次設計得巧妙。伴隨著南詔奉聖樂，歌舞拉開了序幕，隨著南詔王的落座，26 個民族使者，逐一亮相，朝拜端坐舞台正中的國王。燈光伴隨著各民族音樂，奇異變幻，穿過歷史隧道，演變成一段置身其中的盛唐現實。

一時間，各族舞者翩翩曼舞，展現少數民族鄉土生活的原生歌舞精髓，傣族的曼妙、藏族的舒展、佤族的粗獷、白族的典雅、彝族的風趣，還有安南、老撾等國家歌舞的新鮮。一曲海菜腔，更是高亢至極處尚能婉轉回寰，令人神思縹緲。

宴舞宴舞，除了舞，少不了宴。第一道當然是雲南的看家美食——過橋米線。可是不只是這些小吃，還有中菜西做的創新大菜。麒麟寶劍肉是服務員頂在頭上，一串串肉串插在鳳梨上好像寶劍一般，鳳梨內又是灼灼燃燒著的火焰，很有粗獷的民族感覺；還有雞柳乳扇卷，乳香濃郁的乳扇、乾香紅潤的雞柳，一種特殊的雲南美味；還有傣味包燒牛骨髓，既強壯身體，又融合了竹葉清香的味道；還有皂仁水果羹，就連簡單的水果也做得晶瑩可人，誘人食慾。

吉鑫宴舞，讓人口嘗五味，眼觀五色，耳聽五音，心情舒暢美妙不可多言，真的是人生一大樂事也。

28. 粥裡乾坤

在佳木斯出差，充分理解了東北的豪爽，其一就是東北菜的份量，最常見的家拌涼菜也是峰巒迭起的一大盤，很讓我充滿《水滸傳》裡魯智深的豪情。豪氣過後就是不思飲食，同事亦有此感，於是不約而同的在街上消食達，於是就發現一個粥鋪。

中國的粥是一個奇妙的東西，包容了太多的內容。為什麼強調是中國的粥？因為我點了幾款粥，先上來的是西米露。聽名字就很曖昧，不僅是「西米」，還打了擦邊球——是露不是粥。端上桌一看，果真是形式大於內涵的東西。看上去如顆顆珍珠般的晶瑩剔透，入口卻香料味沖鼻，難以下嚥。

所以，我一直不喜歡西式的菜品，往往看上去色彩斑斕，就如同西方的美女十分養眼，極盡妝容之能事，卻往往輸於中國江南水鄉布衣裙釵粗布素衣下慢慢品出的韻味，薛寶釵輸給林黛玉的就是那一種「天然風流態度」。

還是吃中國的粥吧。先來一碗荷葉粥開開胃。荷葉是中國人的情結，大抵不能像文人騷客那般風雅如荷的，也可以透過喝荷葉粥來沾得一絲仙氣。

但這粥的製法卻也能看出一個人是真風雅還是假風雅，真風雅的人用上好的白米，盛在細泥沙鍋中慢火熬煮，以荷葉為蓋，粥熟後自然吸附了荷葉的清香，碧綠瑩潤，此粥香在髓中；假風雅的人，卻將荷葉切碎與粥同煮，不是荷葉粥也，倒是貼身肉搏的「東北亂燉」了。

荷葉粥喝完，胃口大開。再來一碗紫米粥吧。紫米本身是一種印象分很高的東西，因為根據中醫「吃什麼補什麼」的原理，紫米應該是一種補氣養血美顏的食品。想想這一碗粥和人蔘、黃耆之類的東西差不多，心裡總該是竊喜這種感覺。可惜尋常粥鋪沒有修道這種閒情逸致，來不及慢慢熬煮，只是一味地往紫米粥裡加澱粉，黏則黏矣，卻是用粉絲代替魚翅、蛋黃充作蟹黃，畢竟不是貨真價實的味道。

看看服務小姐已是兩眼發直，大概因為沒有想到能親眼見到幾個都是「粥神」的客人。

於是彼此交換了一下眼色，見好就收吧，再來一碗桂花松仁粥收尾。桂花始終都是一種神奇的東西，小小的黃花丁，卻有那麼高妙的清香，偏偏又和松仁相配，都是天上的仙品，喝完後，真要隨風直上三山去，卻一抹嘴，還有餘香，細一尋思，還是人間的好。

常言道：坐地日行八萬里，巡天遙看一千河。我倒要說，芥子藏身，粥裡乾坤，尋常事物往往境界廣大。昔年不同弟子向趙州古佛問禪，趙州大師一概答以「喝茶去吧」。我不是大師，禪定功夫也差勁得很，所以如果有人問我修禪之法，我一定會說：不如喝粥去吧。

29. 醋香悠悠

　　最近一段時間食慾總是不振，便在炒飯裡也拌了醋。上好的老陳醋經熱飯一熏，酸香撲鼻，頓時胃裡就好像「咯噔」一聲，全都活動運轉開了。

　　以前我特別喜歡味重的食物，吃咖哩飯，我一定要師傅放雙份咖哩；我吃的菜媽媽總說鹹；工作中餓的時候，也不總是吃餅乾，舀一小勺辣椒醬，一邊辣得一頭汗，一邊就覺得全身每個毛孔都舒爽了。

　　現在我的口味是越來越清淡了，覺得清淡的、香料少的食物，才更能體現出食材的本味，也更能讓味蕾得到真正的享受。可是，獨獨少不了醋。人家開玩笑說，以前山西人打仗，身上必備兩個東西：一個是槍，一個是醋葫蘆，少了哪個都難活命，所以山西人都叫「老醯兒」。我不能算是正宗的老醯兒，但是幾天如果不吃醋的話，我就也真像活不下去了一樣，幹什麼都難受。

　　醋提的是酸味，酸味卻並不總靠醋體現。我嘗過陝西的漿水麵，大概是用麵湯發酵製成的酸味，也是別有風味的；我也愛吃貴州苗族的酸湯，是用野小紅柿子發酵製成的酸味，酸味更濃烈，也很霸道；我還品味過傣族的酸筍，傣族朋友說，她在外地時間長了都吃不慣了，沒想到我能吃下一大碗；在大理酸的東西更多，小姑娘們愛吃酸蘿蔔，做菜愛用酸木瓜，談戀愛的時候都吃酸梅子。可是就是沒有山西的老陳醋。

　　我吃醋是專吃山西醋的，熏醋和老陳醋都吃得。在餐飲集團工作的時候，採購部選擇醋，都知道我是吃酸高手，便叫了我去選擇。每樣一小碟，有的連嘗都不用嘗，看著就不行，那顏色寡淡得像水，怎麼會有好味道？有的嘗了，臉要苦成菊花樣，肯定是醋酸勾兌的，用我的話講就是「傻酸」；而有的是白醋、紅醋，總是不像醋的本分，就像麥克爾·傑克森，本來就是黑人，非要漂白了，反而弄得不倫不類。

　　我選醋，標準就是「甜、軟、綿、香、厚」。甜，不是說像糖味，而是不像工業原料那般酸到底，像好茶一樣，入口雖然濃烈苦澀，但是嚥下之後舌頭卻有一段妙不可言的回甜；軟，是說醋入口之後，有飽和的感覺，滋潤

口腔的每一個細胞；綿，是說好的醋嘗起來是有層次感的，不僅順滑，而且回味無窮，綿綿不斷；香，是醋的一個境界，是那種能夠把胃裡的饞蟲勾引起來的力量，讓你所有的消化器官都躍躍欲試等候工作的能量；厚，是醋的顏色就好像醬油那樣，是很厚重的，一看就是釀造的功夫，不是勾兌出來的那般淺薄。

山西的醋一般來說都是清徐一帶的產品，可是我最喜歡的牌子卻是太原的益源慶。這個牌子我不大在外省看見，在太原卻是大名鼎鼎。因為「益源慶」出自太原王府。從明朝至今也有幾百年了，窖池還是那一口，所以微生物特別豐富，醋的味道自然也就更佳。而且因為一直秉承傳統釀造方法，所以產量一直有嚴格的控制，保證了醋的品質。

太原是李唐王朝的起家之處，自然也少不了和醋的緣分。在醋的歷史上有兩個有名的故事都和唐朝有關：其一是「吃醋」的來歷。唐人筆記《朝野僉載》中曾經記載：房玄齡的夫人善嫉（我個人認為是注重維護個人幸福），唐太宗準備賜給房玄齡幾位美人，房夫人堅辭不受。太宗一怒之下，將幾位美人和一壺毒酒一起送到房府，聲明兩者擇其一，房夫人毫不猶豫端起毒酒一飲而盡。使者回報太宗，太宗也瞠目結舌，以後再也不招惹這位房夫人。

太宗作為有道明君，自然不會隨便鴆毒命婦，所謂毒酒不過是老醋一壺，後人也便把情人之間的嫉妒稱為「吃醋」。其二是呷醋節度使。唐軍有個將軍叫做李景略的，設宴招待下屬，判官任迪簡遲到了，被罰酒一巨觴。結果倒酒的軍士粗心，錯把醋缸當成酒缸，給任迪簡一大觴醋。任迪簡知道李景略為人粗暴，如果聲明軍士倒錯了，少不了那位軍士的屁股皮開肉綻甚而腦袋搬家。於是就只好一乾而盡，結果空腹傷胃，宴會結束時吐血數口。軍中諸人聽說此事，都很感激，李景略死後，就推舉任迪簡為主帥，最後官至節度使。

這個故事給我留下深刻印象，因為它至少說明三個問題：首先說明唐朝軍中的酒的品質不怎麼的，你說怎麼聞起來那麼像醋呢？其次，就是軍隊裡也少不了醋啊，應該算是戰備物資；當然，最重要的就是一個人的胸懷，能喝酒的不算本事，能喝醋救人的才是英雄。

醋絕對不是一種可有可無的調味。鹽是菜之精，做的菜水平再高，沒有鹽就沒有味道。可是偶爾鹽放多了，便可以略微放些醋，鹹味就不明顯了。

而且有很多好菜，沒有了醋，便也失去了靈魂。山西名菜裡有一道醋澆羊肉，便是我念念不忘的。其實做法我想也不複雜，大概就是羊排剁成小塊，用原湯箅了渣滓，加醋再煮一會，就可連湯上桌了。十年前我回太原在太原麵食館裡吃了一次，至今回想起來好像嘴裡還有餘香。這醋和羊肉最般配了，不僅盡去羊肉的膻腥，而且還提出一種獨特的鮮味。可惜，好像很多山西名菜現在都不大見到了，像什麼幹抓鯉魚、四喜糖醋丸子，每當我回想山西的時候，總離不了這些菜還有山西醋，就像我懷念喬家大院、五臺山、懸空寺那般，不停地在腦海中盤旋縈繞。

30. 美女和回鍋肉

30. 美女和回鍋肉

《美女和野獸》是好萊塢的經典，我卻沒有完整地看過，估計對於我們這些玩文字的人來說，並不能達到像金庸先生《天龍八部》中那些星宿海弟子們一樣能夠不斷「機杼翻新」。不由想到前一陣子坊間關於各種級別「美女」的熱烈討論，因為據說這也是一種經濟——「美女經濟」。

在某一天有幸觀看某世界級「小姐」的評比大賽時，我正在電視機前大吃回鍋肉。回鍋肉登不了大雅之堂，卻也和美女一樣，都是街頭巷尾的最愛。

我那天吃的回鍋肉味道不錯，因為是我自己做的，雖然每一個小的川菜館都會做這道菜。倒不是誇我廚藝水品直追易牙，也不是因為像賣油翁那樣「無他，唯手熟而」，我記憶中彷彿已經幾年沒做飯了。主要是因為「精細」，一是指慢工出細活，二來是說認真，目的比較明確就是為了好吃。我向來認為，越簡單的，就越要用心，想起當年李苦禪大師被問到「什麼字最難寫」時，大師說「『一』字最難寫」，「於我心有戚戚焉」。

館子裡的回鍋肉外形倒是不錯的。這個「不錯」的意思是「接近」，但是正如善惡一線間，差之毫釐則謬之千里。真正的回鍋肉要當天宰殺的鮮豬肉，現在的豬都是住高級水泥房屋，吃不知是什麼東西做的精粉飼料，恨不能一天就長三百斤，這樣的豬肉看上去像那麼回事，實際上沒有豬肉的感覺和味道；肉要先煮一道，洗淨的豬肉，要加蔥結、大蒜瓣、大料和花椒做成的料包，六成熟就撈起備用，不能煮得太軟，湯略滾時要勤撈浮沫，以去除肉腥氣；肉煮好了放在冰箱裡速凍兩三分鐘，就比較好切了，切的原則是起碼片片分開，有的飯館切的是連刀片，夾起一片帶出一盤；配料一定要正宗的郫縣豆瓣，用刀剁細，醬油要釀造醬油，色濃而稠，雖然「美極」和「龜甲萬」都是名牌，價格不菲，然而做回鍋肉卻還是本國自釀的為佳。

回鍋肉「回鍋」當然是重點，煎熬要拿準火候，待鍋熱後，放入已經熬熟的油，因為冷油煙火氣重，熟油更有香氣。熬肉用中火，熬好後起鍋濾油，再熱油下剁細的郫縣豆瓣，略略炒過，爆出香氣，再下入肉片混合熬炒，使豆瓣和肉「與之同化矣」。做好的回鍋肉，肉片厚薄均勻，邊緣呈縐紗狀，

整體形狀俗稱「燈盞窩」。正宗的回鍋肉，應該用香蒜苗作配料，就是比較柔嫩的四川品種，如同同樣是美女，選南方柔弱佳人。如果在北方不易得這些細蒜苗，就用青椒片代替也很不錯，可惜有人用一種很粗、葉子又長又寬的北方蒜苗作配料，就像西方美女穿旗袍，骨架子太大，反而覺得不倫不類，一股沖鼻的壞蔥味，前功盡棄。

拿美女和回鍋肉相比，大約要笑我俗不可耐。其實我對一切美好的事物都青眼有加，當然包括美女。可是前一陣子報紙上批判英文速成班，語言這東西，以交流為目的，可能得到好的結果，以出國賺錢為目的，可能反而不利。這就是道理，當你以什麼為目的時，可能往往達不到這個目的。中國古話叫做「有心栽花花不開，無意插柳柳成蔭」。選美女也是一樣。

我想 2008 奧運會真的是塊大肥肉，誰都想分一杯羹。美女也是人，當然不例外，當然此話不是給「白馬非馬」的信徒說的。可是美女的速成比英語的速成還要壞得多，因為影響面太廣。選美女以彰顯美為目的，然而想成名為利者眾。但這件事是速成不來的，買樂透一夜成為暴發戶容易，當然暴發戶沒什麼不好，可是想成為貴族，難。坊間各種美容院妙手神刀的多，可是想成為大家閨秀還需要「秀外慧中」。偏偏，這個「慧中」在比賽時鬧了不少笑話。不少美女看骨架還未成年，可能我和唐朝國君一個姓氏，所以只喜環肥，不愛燕瘦，看著張柏芝眼睜睜的一路瘦下去，臉都彷彿脫了形，只好長吁短嘆多吃兩片回鍋肉。再加上眾美女護膚也要時間，美齒也要時間，豐胸也要時間，提臀也要時間，估計看書的時間就比較可憐，倒是也聽到一個美女說愛看書，《故事會》和《讀者》什麼的，也是書中的「速食」吧。

唉，做份回鍋肉不易，做美女也不容易。「魚和熊掌不可得兼」，到底是選美女呢，還是選回鍋肉？微醺間，茫茫然而不可得。

31. 為食忙

香港是一個「為食忙」的都市。

在香港吃碗麵，看看帳單，65塊，基本上等於明搶，做工真正是為食忙。

萬幸的是還有茶餐廳。茶餐廳絕對是香港的本土創造，也是因為為食忙。茶餐廳在香港起源於速食食肆，一個「肆」字多有鄉土氣，所以茶餐廳絕對是香港的小社會——卡車司機、一般做工工人和辦公室職員都會光顧，人聲永遠鼎沸，賭馬心得和辦公室政治交相輝映。

我在北京的時候很少去茶餐廳吃飯。倒不是因為不喜歡港味粵菜，因為在山西財院讀書的時候同學裡交好的一個是浙江人一個是廣東人。這兩位皆不喜歡紅燒和麵食，便時常在家裡自己弄了清淡的粵菜來吃，慢慢的，我對於粵菜也從覺得寡淡到樂於接受。後來因為有時幫順峰餐飲學院作培訓，中午常在順峰混頓工作飯吃，那是正宗的粵菜，整治清蒸魚是不錯的，便開始喜歡了。我不在北京長去茶餐廳的根本原因是：北京的茶餐廳，貴得離譜。

古有南橘北枳，那南方多汁的蜜橘移栽到北方變成又苦又澀的小枳，肯定是要揮淚大賤賣的，想不到香港相對便宜的茶餐廳移植到北京，居然可以金光閃閃、泥菩薩貼了金箔。尤其是在國貿一帶，金湖就沒有空閒過。金湖是北京知名度很高的一家茶餐廳，連我臺灣來的阿姨都很認真地比較過北京的日昌和金湖，最後權衡之下，把金湖作為用餐的首選對象。金湖裡的顧客應該不會有什麼勞工階層，多的是國貿上班的白領、金領乃至外國領。

雖說北京的茶餐廳已經鳥槍換炮（主要是價格），不過有些吃食還是不錯的。比如燒鵝，比如鮮蝦雲吞麵，比如菠蘿油，還有鴛鴦茶和柚子蜜。燒鵝大概是廣東沿海一帶的原創，在中國的其他省份也有燒鵝，然而和粵港的燒鵝味道完全不同。燒鵝的好壞除了看鵝燒製的是否油潤不干，我倒是非常看重配的梅子醬的味道。好的燒鵝配了梅子醬來吃，皮脆肉嫩，酸甜鮮香。

梅子醬大概是中國最早的調味品之一，《尚書》中說：「若作和羹，爾唯鹽梅」，可是現在除了沿海和雲南，中原地區彷彿已經沒有這種飲食傳統

了。梅子醬主要是用來提酸味的，我在北京的時候，老闆比較奇怪為什麼我們自己出品的糖醋小排和滬上所出的糖醋小排味道不同，我就告訴她因為上海菜裡的糖醋小排是要用梅子醬作酸味的。不過吃燒鵝配的梅子醬也不能太酸，最好有點酸裡回甜，鹹味作底，這樣才能更好地襯托出鵝肉的質感和口味的層次。

香港人是很看重醬的，燒鵝配梅醬，炒蔬菜用豉醬，煎蘿蔔糕加 XO 醬，白煮的銀魚要點豆醬……，講究的香港人萬萬不會配錯。從梅子醬來說，原來有種成品罐頭彷彿是「冰花」牌的，味道不錯，不知道現在還有沒有。

鮮蝦雲吞麵，和內地的不同，不是單純的餛飩，還有麵線在裡面。香港人是很認一家澳門老字號的，叫做黃枝記，裡面便也有鮮蝦雲吞，可是倒不像金湖肯在餛飩裡放整只的蝦仁，不過它的湯頭倒真是鮮，很有老字號的水準，而且是鹹裡回甜的，有著傳統粵菜的風味。金湖的雲吞麵湯水的功夫不夠，而又缺了粵菜的風韻。

說到菠蘿油，我第一次吃的時候還真是好奇──菠蘿軋出的油一定很香甜吧？後來才明白菠蘿油沒有菠蘿只有油，這菠蘿指的是菠蘿包，這油是把菠蘿包橫切一刀加入一片半釐米厚的奶油。菠蘿包大概是西點裡最簡單的一道，只用麵粉、雞蛋、白糖和油，然而越是簡單的食品體現食材本身的味道越濃郁，菠蘿包就有很香甜的麥香。再加上奶油，熱的麵包迅速融化了冷的奶油，把麵包裡一個個的小氣孔都滋潤得油香順滑，入口既有油脂的香滑，又不那麼膩，和菠蘿包的酥皮甜軟配合得十分恰當。不過每次我吃菠蘿油的時候總是不經意間想起在甘孜州藏民家裡吃的酥油厚青稞麵餅，也是剛烤好的麵餅中間挖出一塊，然後直接挖一勺酥油放進去，一會兒就化了，滲進麵餅裡，藏民們通常拿它作午餐。

既然叫做茶餐廳，飲品的種類不少。鴛鴦奶茶絕對是香港文化的產物，做法倒不難，不過一隻「鴛」是紅茶，一隻「鴦」是咖啡，然後加上奶和糖一混合，就成了鴛鴦奶茶。且不說這樣搭配的大膽，單說這名字「鴛鴦」，用中國傳統的象徵物來命名一款混血兒飲品，獨特、傳統、多元，也算得香港文化的精髓了。不過香港的朋友又告訴我，正宗的鴛鴦奶茶一定要用絲襪

奶茶來做。絲襪奶茶的創始人蘭芳園茶餐廳的林先生，為了使奶茶的口感更加順滑，開始時是用網孔細密的絲襪來過濾泡好的錫蘭紅茶，再加入糖和牛奶，就成了著名的絲襪奶茶。得知這一典故，我立刻覺得面前的奶茶裡有一股絲襪味道，有沒有穿過我不得而知。幸好現在的絲襪奶茶已經換用特製的布網來做過濾，不過要增加次數，正宗的蘭芳園絲襪奶茶是要過濾八遍的。

我是個心理暗示很明顯的人，從此以後總是戰戰兢兢的喝鴛鴦奶茶。直到後來發現柚子蜜。柚子蜜在茶餐廳被叫做「柚子茶」，我在讀書的時候老師是中國「訓詁學」的權威，最看不得名不副實的東西，柚子茶裡根本沒有茶，所以我只管它叫做柚子蜜。主要就是把柚子皮和內瓤全部切絲，然後榨出柚子汁，用上好的蜂蜜來浸泡，過一段時間，蜂蜜恢復黏稠，柚子的清香和蜂蜜的甘甜相互滲透，從香氣的形而上到蜜糖的形而下都全部昇華之後，舀一勺用溫水沖開就是柚子茶了。不過後來我聽說有的茶餐廳做了改良，用玻璃小壺沖了柚子蜜然後加上一個紅茶包，想起來應該是不錯的。

印象裡一直記得電視上有一次宋丹丹開玩笑說：我和大陸的演員一起演戲的時候心理壓力很大，因為他們素質很高。不過和香港演員演戲就很輕鬆，反正他們也沒什麼素質。想想自己，原來也有段時間對香港有些輕視：不過是文化的沙漠罷了。後來接觸到了一些香港中文大學的文化研究課題，有點大吃一驚的感覺，從那以後就收了小覷之心，知道香港從來沒有停止過對祖國傳統文化的探索，今日香港，文化真正的邁入繁榮。現在又聽說香港茶餐廳已經正式申報世界文化遺產，想想，並不突兀，比起某些國家非要把李時珍當成自己人來說，也該是時候了。

32. 壽司裡的五味人生

　　無聊的時候學日語，學得最快的一個詞就是「壽司」，因為它的發音近乎漢語的「四喜」，多吉利啊，而且我還很愛吃，所以記得特別快。

　　我原來是非常不喜歡日本，讀書的時候，看到日本的留學生同學，我是從來不答理的。後來情況變得好了一些，一個是因為佛教要求我以慈悲心對待六道眾生，那麼當然日本人也算了；二來世界越來越緊密，沒辦法，總要和日本人打交道。

　　公平地說，日本的很多東西還是不錯的。比如唐招提寺沉澱的靜美，比如川端康成作品淒豔的絕望，比如小田和正的音樂，比如索尼的數位相機，比如箱根的溫泉點心。不過，和日本人打交道，總是特別敏感且心存警惕。

　　唯一的一次，我和一個日本人談得比較深入而且交心，就是在吃壽司的時候。

　　北京也有很多不錯的日本館子，比如松子，可是如果只有兩個人吃飯，我們更喜歡去吃壽司。我喜歡壽司，除了它的味道之外，還因為很喜歡看它的製作過程。廚師會仔細地捏、握、切，一切的一切，都只為了能夠做出他或者你心目中的壽司，這個時候，一位認真的廚師將贏得我無限的尊敬，他更像一位表演的舞者，以自己全部的力量、動作來取悅觀眾，而忘記了他自己。

　　我無意把世界上任何美好的東西都從中國久遠的歷史中尋找到相應的淵源，然而壽司確實帶著中國早期飲食的遺風。在日語裡，壽司也可以用漢字「鮨」或者「鮓」來表述。這兩種東西實際上指的都是醃魚，而在中國的後漢時期，就已經流行這種食物，大概是在宋朝時期，正式傳入日本。在日本，一開始是用鹽來醃魚；後來就用稻米飯來保存魚類，同時米飯發酵後產生的乳酸使得魚肉更加美味。當然，開始的時候，日本人是只吃魚把米飯扔掉的，後來，大概是在 15 世紀的時候，人們才開始把米飯也同魚一起吃掉，這才形成了今天意義上的壽司。

現今的壽司，大概是除了生魚片之外，最為國人熟知的日本食品。而它的變化組合特別的豐富多彩。

大體上說，壽司可以分為三類：卷壽司、握壽司和箱壽司。它們的區別是從做法來的。製作壽司，其實並不很難，只是把米飯和各種配料加以組合，可是，很多事情，越簡單的越是一種考驗。做壽司，有幾個關鍵之處：一是米飯不能太軟，不能發黏，可是又不能粒粒分開。所以選的米一定是長而細的秈稻，很多名聲甚佳的稻米反而不適合做壽司，這和質量無關，只是不對路罷了。二是稻米飯裡要淋壽司醋，而且一定要趁米飯熱的時候，這樣醋和飯才能融合。很多事情，錯過了時機，總是很勉強的。第三，做壽司不僅僅用魚生，還有黃瓜條之類的小菜。那麼黃瓜條一定要用鹽搓了，去除一部分水分，才能讓壽司不散團。要知道，小問題也會壞大事。當所有的原料都準備完畢了，在小竹簾子上鋪紫菜皮或者蛋餅什麼的，然後鋪開米飯，中間隨你放置什麼黃瓜條、漬蘿蔔、鰻魚之類的配料，捲起來，再切成小段的，就是卷壽司；而用手慢慢把米飯握成你想要的三角形、四角形或什麼形，上面蓋上魚生的，就是握壽司。箱壽司中規中矩一些，要使用模具，把各式配料放在小木盒子裡加蓋壓好，然後把木盒壽司抽出切成小塊即成。

不管什麼壽司，吃的時候要有一個順序，不關乎禮儀，只在於你自己口感的享受。通常先吃魚生類的壽司，然後吃加工過的食材製作的壽司，比如煮過的魚片做的壽司，最後吃味道最濃的壽司，比如有比較多的山葵泥的壽司。這樣子，就像中國人所說的「漸入佳境」。

吃壽司的時候，我喜歡多蘸調料，主要就是清淡的日本醬油和辣根。不要用壽司米飯的正面直接去蘸醬油，這樣的話不僅壽司容易散，而且味道過鹹，如果米飯粒掉在調味碟裡，也顯得失禮。我喜歡用手抓著壽司，用側面一頭輕輕蘸一下醬油，另一頭蘸一下辣根，然後整個壽司一起放入嘴裡，慢慢咀嚼。隨著壽司在嘴裡散開，生魚片的柔嫩、甘美，醋飯的清新微酸，山葵泥的鮮爽略帶一絲回苦，辣根的辛辣刺激，還有醬油的鹹鮮厚重，逐漸交織成清鮮、肥腴、軟嫩、香滑、微酸、甜美、沁涼、辛辣……種種看似對立

衝突、卻又彼此和諧共鳴的滋味口感，在舌齒間相互激盪交融，奇妙感受難以言喻。

評價一款壽司，就是要同時具備酸、甜、苦、辣、鹹，所謂「五味俱全」，其中滋味真的只有自己才能感受和掌握。

那天在壽司店裡，他是一邊喝清酒一邊嘮叨他的生活——雙方父母看好的婚姻，匆匆的結合，因為若干小事而起的無數冷戰，因為心煩而遠赴中國，終於不可收拾結束的七年之癢。而我，因為不習慣介入別人的生活，只是一邊靜靜聽著，一邊全心全意地對待我的壽司。在他喝得差不多的時候，我們就開始討論壽司，末了，他說：「你比我更懂壽司。」再後來，他就回大阪去了，我呢就到了雲南。人生就是這樣，你在每一站會碰到不同的人，可是並不是每個人都會在你的軌跡裡留下身影。他倒是時有電子郵件來，每次收到的時候，我都會想起他的家鄉有那麼好的鮭魚壽司，於是回信裡總是充滿口水的味道。

33. 那一場雞肉和米線的纏綿

在大理，每隔一段時間我都會去吃一碗涼雞米線。古城裡的涼雞米線。

一家叫做「再回首」的館子。

涼雞米線也是大理美食的當家花旦。如果說沙鍋魚內容豐富、滋味濃厚彷彿梅派般的華麗；那麼生皮絕對需要勇氣和熱愛才能享用，如同倒嗓的程硯秋創造了若斷若續、特色鮮明的唱腔；而乳扇那誇張的乳香、配合著豆沙的甜美，好像尚小雲的身段柔美中帶著剛勁的骨。涼雞米線呢？涼雞米線是懷春的少女、活潑嬌俏的荀慧生。

涼雞米線絕對是雞肉和米線的一場生死的纏綿，涼雞和米線構成了這道美味的主體。涼雞一定要用本地土雞，如果用了養雞場吃飼料的雞，其結果就像把京劇改為搖滾樂那般糟糕。土雞一定要用冷泉水煮，肉質才不會緊縮，味道也才好。煮的時候要加草果、生薑，煮至八成熟時再加鹽、胡椒，至雞肉離骨時撈出冷卻，然後手撕成雞肉絲，如果用刀切，刀工再好味道都不對。

然後整治米線。米線是將當地產上等粳米淘洗乾淨，磨粉過篩製成漿，透過漏勺注入沸騰的滾水鍋中，待漂浮時撈出即成米線。現在的米線一般都是半成品了，買回來開水鍋中一煮即可。

再回首的涼雞米線妙就妙在調味汁的味道上。將米線置入碗內，只見阿妹飛快地加入鹽、醬油、味精、蒜汁、花椒油、辣椒油，一定還要有祕製的滷汁。滷汁通常是用煮雞的清湯，調上少量的澱粉和核桃醬做成的，這是涼雞米線味道的根基。

然後還要放燙熟的綠豆芽、韭菜，及煎過舂碎的核桃仁或花生仁等，最後把適量的涼雞絲蓋在上面，如此一番畫龍點睛後涼雞米線就可亮相了。做好的涼雞米線，米線瑩白而有彈性，彷彿蒼山純潔的白雪；雞絲嫩黃，就像三月份崇聖寺外成片盛開的金黃的油菜花；韭菜濃綠，花生碎焦香，調味汁紅潤，如同夏初花甸壩上鋪滿野花的綠草地。僅僅是這豐富的色彩就誘人食慾。趕緊端起碗來吃一口，嗯，甜酸口味，香氣撲鼻，胃裡舒爽。

　　在蒼山洱海間，雲南明媚的陽光裡，細細地品一碗涼雞米線，我想，比在上海外灘金茂那88層的餐廳裡吃一頓法式大餐應該毫不遜色。也許，更確切地說，涼雞米線那種雞肉和米線的纏綿，會比十里洋場的一夜應酬來得更真實些吧。

34. 酸辣魚，是碧波上的帆影

俗話說「靠山吃山，靠海吃海」。大理是以蒼山為父、洱海為母的城市，在飲食上，蒼山的山珍和洱海的湖鮮自然都是少不了的。相比蒼山來說，洱海經過一段汙染期，雖然最近幾年經過大力治理湖水已經恢復澄澈，沒有重蹈滇池的覆轍，但是很多脆弱的物種已經消失，比如弓魚，這洱海裡高貴的生靈，已經一去不返，空餘下我腦海裡它們游弋的曼妙的身姿。

消失的還有洱海那碧波上的帆影。現在，我已經很難看到木船搖櫓咿呀、白色帆影點點的景象了，尋求那種水鄉的最常見的也最典型的畫面反而成為一種奢望。我只能在大理酸辣魚的味道裡觸摸那心底最柔軟的回憶。

弓魚的鮮美已經不會再有了，雖然有很多餐館也在出售「弓魚」；傳統的韭菜螺黃為了迎合外來遊客的口味，已經變成了炒福壽螺的那種做法；沙鍋銀魚除非去找認識的老鄉，否則偷工減料幾乎是一定的。幸好，還有大理的酸辣魚。

我自己認為最好吃的是周城那家正對蝴蝶泉通道的老館子。這點是被阿松和小巫婆都證實了的。魚都是早上從洱海裡現捕回來的，由著客人憑著緣分去點。之後店家會把客人選中的年輕貌美、活力十足的魚快速地刮鱗、開膛破肚，其速度與《新龍門客棧》裡那位切烤全羊的夥計類似。煮酸辣魚一定用蒼山的泉水或者最好是洱海裡的水，洱海現在的水質是二類水，湖中心的區域可以達到一類水，按照國家標準來說，都是可以直接飲用的。

當地的老鄉喜歡「活水煮活魚」，我想其道理大概和「原湯化原食」是一樣的。

做好的酸辣魚，不經過修飾，一般都是盛在大不鏽鋼盆裡端上桌。魚裡面往往配了豆腐或者洋芋（馬鈴薯）一起煮。看見酸辣魚的湯汁，紅豔豔的一片，可是等你吃起來，卻不是一味的辣。大理的酸辣魚，辣與不辣都在似與不似之間，入口淡，回味鮮，一定還會有小木瓜提出的那種縈繞的、但是絕不喧賓奪主的酸，纏綿細緻而揮之不去。做魚重清淡本色，大理的魚深得

其妙而有過之，畢竟，不用清蒸的方法而能突出魚本身的鮮味，如同武功裡的隔山打牛、白虹貫日，足球裡的香蕉球，雖然最終直擊痛處，可是那過程的弧線卻是不可言傳的美。

魚湯裡配的豆腐倒是一點都不遜色。小巫婆說了一句話：「你看這麼大塊的豆腐，怎麼就那麼入味！」她是用驚嘆的語氣說的，我倒是寧肯用疑惑的語氣來說。雖然，我知道，問了也不會有人告訴你。這時候，最好是盛一碗白米飯，用紅紅的魚湯汁澆了、細細拌了，一口氣吃下去，那種舒爽的感覺保準讓你想不起來你剛才到底想問什麼了。

在我眼裡，洱海的漁歌已經遍尋不見；在我心裡，酸辣魚卻像碧波上的帆影，時常顯現。

35. 寂寞蘇州定勝糕

蘇州自古清嘉，運河舒緩，清流綿密。蘇州是水城，水為城之魂，但是「至柔者至剛」，蘇州又不乏虎踞龍盤的霸氣——虎丘已成，劍池猶雄。

我是隻身一人去的蘇州，因為蘇州清雅寂寞，正適合寂寞的人前往。

到了蘇州不能不看園林。蘇州園林和京城山水截然不同，前者以清雅精緻聞名，後者以皇家霸氣凌世。蘇州園林者眾，尤以拙政園名動天下，我卻對滄浪亭情有獨鍾。《楚辭·漁父》中「滄浪之水清兮，可以濯吾纓；滄浪之水濁兮，可以濯我足」，是滄浪亭得名由來。滄浪亭臨水而築，未入園先有景，一路波光入畫，亭閣倒影，盡得清流神韻，就連心靈都被清淨了。

虎丘是蘇州的標誌，有「吳中第一名勝」之美譽。據史志記載，春秋晚期，吳王夫差葬其父闔閭於此，葬後三日，白虎踞其上，故名「虎丘」。虎丘風景幽奇，「出城先見塔，入寺始登山」，虎丘雲岩寺塔雖已傾斜，可是屹立不倒。塔身古樸，周邊松柏映襯，清風襲來，清人神志，驚人覺醒，名剎遺珍，佛國聖物。

虎丘之下是劍池。劍池並不大，可是兩邊石壁森立，池水幽深，其中彷彿有劍氣凌空，使人頓生警覺。傳說吳王闔閭墓葬於池下，更給劍池披上了神祕的面紗。劍池上方有陳公橋飛跨兩崖，橋面上鑿有兩個孔洞，我從橋上孔中望下看劍池，雖並不高，卻有如臨深淵之感，寒氣泠泠，兩股戰戰。

蘇州是寂寞的，蘇州是清雅的，蘇州也是塵世的。蘇州的寂寞、清雅、塵世甚至可以糅合在一切讓人不覺得絲毫彆扭。這就是觀前街。觀是玄妙觀，道家一向追求清寂，到了蘇州卻成為第一繁華熙攘之處。觀前街上商舖林立，黃楊木梳、太湖藕粉、梅花麵糕、采芝糖餅、螺鈿漆盒、彩繪宮燈……吃的、玩的、用的，盡顯蘇州風情。

我喜歡的是黃天源的糕餅。黃天源是真正的百年老店，蘇式點心的大家。

　　著名的就有玫瑰大方糕、青團、松子黃千糕、綠豆糕、重陽糕、米楓糕、椒鹽麻糕、棗松豬油夾糕、五色鬆糕、馬蹄糕、炒肉餡團、雙餡團等三百二十餘個品種。

　　當然我最喜歡的是定勝糕。定勝糕用糯米和粳米按比例磨粉後加紅曲米製成，裡面是豆沙餡，表面有時還要點綴青紅果料，腰細而兩頭大，形狀如木匠師傅拼接木板而用的定榫，也像元寶造型。據說南宋時期金兀朮率軍進犯蘇杭，兩軍一時成膠著狀態。此時，蘇州百姓送來慰問品，其中就有一種狀如定榫的粉紅色米糕，韓世忠咬了一口，發現裡面夾了一張紙條，上面寫著：「敵營像定榫，頭大腰身細，當中一截斷，兩頭勿成形。」韓世忠大受啟發，派精銳之師直插金軍薄弱之處，終於獲得大勝。因「定榫」與「定勝」諧音，這定勝糕就伴隨著老百姓對安定生活的渴望一直流傳下來了。今天，蘇州人一般升職、考試、喬遷，都要吃定勝糕，而且是成對購買。我吃了定勝糕以後，也覺得自己像是半個蘇州人了。

　　吃完定勝糕，蘇州已入夜了。蘇州的夜晚不能用流光溢彩形容，而是燈影隱現。一時間，評彈聲聲，訴說真娘遺恨，勾踐復國，我就在街頭迷失了自己。

36. 米糕，那一番素面朝天的美麗

唐明皇和楊貴妃，大概是中國知名度最高的情侶。然而和專一無關，否則也不會有京劇裡《貴妃醉酒》那段千古絕唱。「一片冰輪離海島，海上明月初轉騰」，月下美人醉，非是酒烈，而是良人不在。這個時候的李隆基，十有八九在虢國夫人那裡偷歡。中國古話說「一人得道，雞犬升天」，楊玉環一朝選在君王側，「升天」的不僅有哥哥楊國忠，還有幾個姐妹。唐明皇也真是不厚此薄彼，雨露均霑。這其中的一位就是被封為虢國夫人的，對自己的美貌很有信心，經常不化妝就面聖了，真正的「素面朝天」。再看楊玉環，美則美矣，過得就不那麼瀟脫，夏天天熱，楊貴妃取香紗拭汗，據典籍記載，紅染紗帕，大概是胭脂用了不少。可見，唐明皇大概也是喜歡自然一派的，所以虢國夫人在這方面稍勝一籌。當然，楊貴妃的化妝還是很高明的，再不抵，比起慈禧太后，和臣子說話時臉上的白粉簌簌而掉，那還是不可同日而語的。

我二十出頭的時候，在飲食方面是喜歡「楊貴妃」的。那些鮑魚，坐著飛機從南非跑過來，又蒸又燒又煮，弄得外面油潤、裡面膠黏，所謂溏心大鮑，非如此可能對不起那些機票錢，而據說營養也是上佳的，那時候也有條件，我就笑納了。現在而立了，雖然立得不好，在飲食方面倒真是有自己的見解和看法了——還是自然真味的好。再高明的烹飪手段也是為了體現食材本身的味道、質感和特點，非如此，必為譁眾取寵也。如果不是為了菜品本身服務，那些絲綢上切肉絲而綢子不破、一塊豆腐切成十萬八千根並且根根要穿針孔而過的「真功夫」還是歇歇去吧。

在雲南，是很能發現一些素面朝天的小吃的。比如，米糕。

大董烤鴨店的總經理大董、馬克西姆法餐廳的賀總經理，還有國家技師考評委的崇老師，來到大理，就愛找那些風味小吃。品嚐的種類不少，到最後，印象最深最好的除了涼雞米線，就是蒸米糕了。

在日常，米糕大概已經是我最愛吃的小吃了。站在米糕攤子旁，跟攤主說了要求，就老老實實等著。米糕通常有兩種，一種是紫米粉的，一種是稻

米粉的。米粉通常在磨的時候已經加了薄荷或者橙皮汁，是真正的天生麗質，所以才敢素面朝天。我往往要兩種混一起的——一半是紫米的一半是白米的。只見攤主取出一個小木甑子，底兒是活的，就是圓柱木桶底部放一片有孔眼的鋼片，然後俐落地用木勺把米粉撒進去，最上層再撒一層炒好的黃豆粉、白芝麻、花生碎、紅糖粉，然後把下半部分插到開了大小一致的圓孔的蒸汽鍋上蒸，再取另一個小甑子如法炮製，只是不再撒面上的豆粉等料，純粹的米粉而已，然後也放在蒸鍋上，這時把先前的小甑子對好了翻扣在這個甑子上面，用筷子一推底部的鋼片，就把這半米糕蓋在下層米糕上，中間是已經變得黃亮的糖餡。略停一下，下層米糕也便蒸好了。整個過程不過一兩分鐘，而我往往在旁邊欣賞攤主的手藝和聞著米粉散發的自然的香氣，覺得時間過得更快。

蒸好的米糕，冒著白汽，在你跟前飄散出米粉特有的香氣，是那種真實的、親切的味道，簡單而貼心。輕輕一咬，粉潤酥軟，甜香綿滑，真是好吃得不得了。想起在蘇州吃的海棠糕和臺灣的棗泥鬆糕，大概製法也類似，只是點紅、裝飾更像楊貴妃。而真正素面朝天的，只有大理的蒸米糕罷了。

米糕除了這種吃法，還有一些貼近「楊貴妃」般的吃法。不過大理很少這樣吃了，倒是滇東一帶吃得比較多，就是調糕藕粉。調糕藕粉是把米糕放在小竹蒸籠裡蒸上五六分鐘，放進現調的藕粉裡，再撒上紅糖稀和芝麻、白糖、青紅絲，顏色十分好看。把米糕和藕粉一起攪拌開了吃，味道香甜，不過要趁熱吃，不然稀掉後便沒有了柔韌的口感。而且我自己覺得調糕藕粉太甜蜜了些，膩在裡面久了，可能混亂不清，一如唐明皇，「漁陽鼙鼓動地來」時才清醒，而我吃了調糕藕粉後往往要喝濃濃的普洱茶才能解膩。

真正敢於素面朝天的食物，往往都是有真味的食物。然而，和人一樣，還是需要一個會欣賞如唐明皇般的人罷了。

37. 勇者之包

蘇軾在《留侯論》中也曾經論述過勇敢，他把那種真正的勇敢叫做「大勇」。

他說：「古之所謂豪杰之士者，必有過人之節。人情有所不能忍者，匹夫見辱，拔劍而起，挺身而鬥，此不足為勇也。天下有大勇者，卒然臨之而不驚，無故加之而不怒。此其所挾持者甚大，而其志甚遠也。」

中國人是追求內斂的，但是這種內斂是心靈上的自由，並不是怯懦。所以中國的食品也是內斂的，可是內裡乾坤廣大。中國的包子就可以稱得上是食物裡的「大勇」者。外國的食物往往熱情洋溢，恨不能把所有的好東西都堆在表面，奶油麵包厚厚的白奶油絕對是堆在麵包表面上的，各式披薩在麵餅上撒了培根、蘑菇、番茄片還不解氣，點綴上黑橄欖圈，又撒上大把奶酪絲。

中國的餡餅、餃子、糕點哪個不是內斂的？所謂「包子有肉不在褶上」。

中國的包子種類繁多，餡料乾坤大展，蟹粉的、豬肉的、牛肉的、羊肉的、雞肉的、魚肉的、鹿肉的、豆沙的、棗泥的、果仁的、火腿的、芹菜的、茄子的……難以盡述。通常包子都一樣，甭管褶子多少，一般主人不告訴你，你就弄不清裡面有什麼。

然而，也有例外。我喜歡的一種包子，打破單純以餡料區分的舊世界，創造出以皮命名的新格局。這就是雲南的破酥包子。

據說這種包子起源於 1903 年，當年玉溪有個叫賴八的人，在昆明翠湖附近開了間鋪面不大的名叫少白樓的包子鋪。有一次一位老者帶著小孫子去買包子。店小二將包子包好遞給老者。這位老者聞著包子很香，就拿了一個給小孫子吃，不料小孫子沒有接住，包子掉在地上。包子立刻就被摔得粉碎，特別是包子皮更是摔成了七八瓣。小孫子一見包子被摔得粉碎，就心痛得大哭起來。這時許多人圍過來觀看，都很驚奇這包子破酥得這麼厲害呀！賴八覺得這是個商機，於是就打出招牌專賣破酥包子。

破酥包子，破酥指的是包子皮。包子皮能夠破酥，是利用了水面和油麵不相融合的道理。形象地說，就是按照做千層餅的方法做包子皮，但不是做七八層包子皮，而是把水麵和油麵揉在一起，蒸好以後，包子皮是向各個不同的方向破酥的。這個「酥」字用的也很妙，不是包子皮破得直掉餡了，而是發酥，您想想，蒸制的食品能像烤得一樣發酥，那得多好的功夫啊？

破酥包子的餡心大了說有鹹、甜兩種。鹹餡裡我最喜歡的是雞肉香菇的。

餡心是將雞肉餡加上好清湯、醬油、味精、胡椒粉、蔥薑末和鹽，放進鍋裡略微煸炒發香，再注入濕澱粉勾芡，最後倒入香菇碎、冬筍末等拌成鹹餡。

此外，鹹包子還有韭菜雞蛋、鮮肉、醬肉等等各種風味的。甜餡心也有多種，花生芝麻的、果仁蜂蜜的、牛奶紅糖的，有雲南特色的是用熟火腿丁或乾巴丁加白糖、蜂蜜、冬瓜條或菌子碎等拌成的甜餡。

破酥包子蒸制時很講究火候，要用旺火猛催，一氣呵成。所謂「一鼓作氣」，要不然就洩了。這樣蒸出來的包子飽滿潔白，油潤如玉，收口微開，香氣四溢。吃到嘴裡包子皮油香漫溢，油而不膩，柔軟松酥，餡心潤軟，滿口盈香，給人一種包子在口腔裡舞蹈的感覺。

38. 肥腸寸斷

魯迅先生說過，汗有香臭之分──既有林黛玉妹妹的香汗，也有焦大叔叔的臭汗；如此一類推，這腸子大概也有區別──有的人俠骨柔腸，好比楊過；有的人腦滿腸肥，這就不舉例子了；有的人滿肚子花花腸子，比如西門慶大官人；有的人喜歡吃肥腸，比如李韜我。

肥腸大概也是下里巴人的東西，根據笑林先生說過的相聲──「這肥腸好啊，也叫大腸，就是緊靠肛門的一段腸子……」，脫離所謂的精細肉部位太遠，不為精英階層所喜；加之這肥腸的異味也不小，又要多用辣椒類烹製，吃時滿頭出汗，大概流出來的也是臭汗，所以只為吾輩俗人所好。

肥腸也叫豬大腸，也是下水的一部分，外國人多是不吃的，就是聽見說也要搖頭，彷彿貴族看見腌臢潑才；不愛吃的人也要滿面悲憤，因為肥腸從味道上來說類似於臭豆腐，愛吃的人才覺得香，不愛吃的掩鼻疾走避之唯恐不及。

因為肥腸有異味，所以整治肥腸是個大事。

會做肥腸的都是各自有各自的絕活，我所知道的方法有一種效果比較好，也不難操作。就是把肥腸用麵粉加鹽細細地搓了，再用清水沖乾淨，然後鍋內加了蔥薑飛水，最好再放一些啤酒，這樣整治過的肥腸，不僅異味全無，做好後還有濃香撲鼻。

做肥腸的方法也很多。最親近百姓的大概就是熘肥腸。熟肥腸切成斜象眼塊，加少許醬油、料酒、鹽拌勻，再均勻地蘸上水澱粉糊，然後入油鍋炸成金黃色，之後再在炒鍋裡加調味汁翻炒幾下即可出鍋。熘肥腸可能最重要的就是炸，一定不能黏連還要外焦裡嫩，所以關鍵是油溫不能太高，最好能夠復炸一次，既能保證熟透還能不糊不韌。

這幾年大家火氣都旺，口味重，流行吃辣子肥腸。辣子肥腸也要先把肥腸煸乾，然後用急火和紅辣子急炒，紅彤彤的冒著辣香就上桌了。講究的要做「九轉大腸」。「九轉」一般都是道家煉丹時才用，比如孫猴子偷吃了太

上老君的九轉金丹才變成一副鋼筋鐵骨。如今用來對付大腸，充分說明這個菜下料狠，用料多，五味俱全，在製作程式上先煮、再炸、後燒，出勺入鍋反覆多次，彷彿和肥腸有什麼深仇大恨。可是經過煉丹爐的孫悟空功力更高，經過九轉的大腸是色澤紅潤透亮，味道層次分明，口感爽滑香糯，還有淡淡中藥香，說它可比金丹倒也不為過。

肥腸特殊的吃法就是賽烤鴨。肥腸要先滷好滷透，香味醇厚了，然後炸到表面棕黃，類似烤鴨皮色，也切成柳葉片，用荷葉餅、蔥絲捲了，塗點甜麵醬一塊吃，那酥香油潤的感覺還真是得烤鴨的精髓。

肥腸還有一種我喜歡的吃法，也帶有了少數民族的風味。我在雲貴，便常能吃到烹製甚佳的酸蘿蔔肥腸魚鍋子。用了紅湯，本就味足，肥腸燒得肥糯油潤，偏偏又加了很多酸蘿蔔。酸蘿蔔就是泡酸的蘿蔔，做起來很容易，可惜我沒有那麼一汪好酸水的老土罈子。酸蘿蔔本身酸香開胃，又正好壓制了肥腸的邪氣，再煮上一尾活剖的鮮魚，先喝湯、後吃魚、再涮山野菜，也可以加點慈姑和蕨根粉，唉呀呀，怎一個鮮字了得！

不說了，且吃一鍋酸蘿蔔肥腸魚去吧。

39. 瘋狂的石頭

一塊石頭挖成窩形，上面是剛剛獵到的鹿肉，下面是熊熊燃燒的火堆，周圍是揮著長矛舞動的人群，慢慢的，石頭上的鹿肉發出吱吱作響的聲音，散發出誘人的香氣，人們熱切的目光使得這燒烤充滿了誘惑的感覺……鏡頭一閃，幾千年之後，人們看著一個石頭雕成的石鍋，裡面是熱騰騰的食物，在石頭鍋裡食物被慢慢炙烤出誘人的香氣……場景變了，人物變了，可是人們熱切的目光沒有變，石頭沒有變。

石烹法，在美食裡絕對是一個輪迴。

石烹法的偉大就在於以烹製技法的輪迴昭示了人生的輪迴。那麼一種返璞歸真的情趣，讓我們親眼目睹食物由生變熟再由熟變香的巧妙變幻，已經超越了食物本身。

當然到了今天，這塊石頭在歷史的洪流中還是發生了很多形態上的變化。

最接近原始形態的大概是西藏的石鍋了。西藏的墨脫是出產石鍋的地方，通常用蛇紋石等較軟的石頭鑿成，鍋的兩端中間部位都留有兩個端手，便於端鍋。石鍋上下基本一樣粗，壁薄底厚，整體呈深墨綠色，外壁還有斜著的鑿痕。

石鍋因為散熱慢，發熱均勻，烹製出的食物特別有醇厚的滋味，也特別適合燉制湯鍋類食物。為人們喜愛的是魯朗石鍋雞。西藏石鍋雞選用土雞和西藏特產的中藥材手掌參精心熬製而成，裡面還配有紅棗、薏米等，吃完了雞肉可以涮蔬菜，雞湯不見得怎麼稠濃，可是那鮮味和醇香共一鍋的回味，在口腔裡縈繞不肯散去。

而最為人們熟悉的石烹食物大概是韓國料理中的石鍋拌飯了。韓國料理價格不菲，然而味道未見得多麼出眾，倒是諸如涼麵、泡菜、石鍋拌飯等小食很受歡迎。我的一位朋友是美食雜誌的主編，中國各地的各種美味品嚐的不下萬種，然而她便喜歡石鍋拌飯。燒得很燙的小石鍋裡，瑩白的稻米飯上面鋪著橙紅的胡蘿蔔絲、可愛的黃豆芽、青翠喜人的蔬菜葉子、燒好的牛肉

片,有的時候還有魷魚絲,加上韓國酸甜辣的醬,又加了一點雞湯,色香味俱全了,然而她還是不肯下箸,就是要聽那飯粒被烘烤的聲音,等著品嚐那在石鍋裡剛剛生成的鍋巴,這石鍋真的像是阿凡提的寶鍋呢,讓我們兩個垂涎欲滴的痴痴的等。

最痛快的石烹我想應該是三峽石滾肥牛。中國的飲食,必不肯平淡得吃,一定要透過食物引起腦海裡無限的想像。這三峽石滾肥牛就是如此。一碗素油用紅辣子煉了,再用切好的大蔥段墊底,把燒好的鵝卵石往裡一放,把切的極薄的肥牛肉片順勢在裡面一涮,一時間,油花滾滾,牛肉一燙而熟,鮮嫩油香,滿足了同樣是滾滾紅塵裡多少眾生的美食想像。

最有風情的石烹是傣族的彩蝶撲泉。也是燉了清清的高湯,把草魚抽了大骨,片成蝴蝶般的魚片,燒紅的瀾滄江的鵝卵石放進高湯裡,再下入魚片,伴隨著傣族小「卜冒」的明麗笑顏,桌上盆內泉眼上的「彩蝶」翩翩翻飛幾轉,便迫不及待地飛到眾人的胃裡,留下了蝴蝶般絢麗的味道。這時再盛一小碗湯,彷彿有生命的鮮味,就像橄欖壩子裡的水,靈動、婉轉、低回。

40. 看我七十二變──灌腸

　　我在山西長大，小吃裡愛極了灌腸。後來走的地方多了，朋友也多，每每我提到灌腸，大家往往都有很多理解，可是，全都不是我說的那種灌腸，知道這種灌腸的大概只有山西人了。如果，真的說對了，估計我要難免在高興之餘欷歔一番──老鄉難覓，唯有愁緒千回啊。

　　不過，這倒也激發了我的興趣，看看到底有多少灌腸？可能，比較多的是三種：北京灌腸、山西灌腸、雲南灌腸。

　　北京灌腸是老北京人愛吃的小吃。這種灌腸大概出現於明代以前，因為在《明宮史》裡已經有所提及。

　　灌腸在明朝開始流傳。老北京有本古書講吃的，叫做《故都食物百詠》，這本書裡也提到了「煎灌腸」：「豬腸紅粉一時煎，辣蒜鹹鹽說美鮮。已腐油腥同臘味，屠門大嚼亦堪憐。」老北京人還出這話：「粉灌豬腸要炸焦，鏟鐺筷碟一肩挑，特殊風味兒童買，穿過斜陽巷幾條。」這「豬腸紅粉」就是北京的灌腸。北京灌腸的做法傳統上來說，應該是把豬肥腸洗淨，用麵粉和鹽搓了去除異味，再用澱粉、紅曲水、丁香、荳蔻、薑蔥、桂花等十多種原料配製成糊，灌入腸內，煮熟後切小片塊，用豬油煎焦，外焦裡嫩，澆上砂仁粉拌和的鹽水、蒜汁，口味香脆鹹辣，一小碟子盛了，用竹籤紮著吃。

　　雲南灌腸是米灌腸。不僅是納西族，傣族、景頗族、漢族都喜歡做這種灌腸。比較有名的當然是麗江米灌腸。雲南灌腸大體上又分為兩種，一種是糯米血腸，當地話叫做「黑麻補」；一種是白米灌腸，當地話叫「白麻補」。不論是白麻補還是黑麻補，做法都是把蒸到半熟的稻米或糯米趁熱拌上鮮豬血或蛋清以及各種香料，緊緊灌入洗乾淨的豬大腸內，封好口蒸熟即成。用豬血的就是黑麻補，用蛋清的就是白麻補。食用時需切成圓片，或用油煎炸，或用甑蒸熱，色澤油亮，異香撲鼻，黑麻補紫糯油香，白麻補清爽糯黏。

　　米灌腸除了能吃飽肚子，還能做藥。據當地人介紹，過去馬幫生活很艱苦，風餐露宿是家常便飯，容易得腹瀉，消化不良。遇到這種情況，趕馬大

哥就會切上一片，烤焦香後沖服，效果神奇，真是他們肚皮的救星。這不禁讓我想起了清宮膳食底檔上曾經記載過：慈禧病重腸胃不和，每天以若干焙焦糯米片研磨成粉服用。看來米灌腸治胃病是有醫學依據的，不過這雲南米灌腸的味道大概要比慈禧清宮御方的味道好很多。

山西灌腸是我魂牽夢繞的一種食品，因為除了山西，我沒在任何其他地方見到過了，可是那種滋味卻是到了墳墓裡都不會忘。

山西灌腸以蕎麵製成，所以又叫蕎麵灌腸。入口爽利，味烈開胃。其製作方法比較簡單：用冷水將蕎麵打成糊狀，將糊狀的蕎麵放入小碟內，入鍋蒸熟。蒸好的灌腸，形如碗碟，色灰棕，如瓷般細潤油亮；略透明，不黏不連，軟而堅韌，入手輕跳，彈性很好。既可冷食，也可熱炒，一律切條，非用小綠豆芽、老陳醋、燈籠紅乾辣椒，而不能顯示出山西特有風味來。無論冷熱，一律要拍蒜泥，味道才足，蒜一定要獨頭蒜用大厚刀在案板上猛拍才好，切出來的、剁出來的味道都遜色很多。當然也有的人愛加些滷，稠稠的，更加有醇厚的滋味在裡面。

如果說北京灌腸、雲南灌腸是把原料灌在腸衣裡因而得名，這是比較好理解的，那麼山西灌腸為什麼也叫灌腸呢？因為，蕎麵不僅富含膳食纖維，同時蕎麵含有的煙酸能促進肌體新陳代謝，增強解毒能力，而蕎麵中的某些黃酮成分還具有抗菌、消炎、止渴的作用。因此，蕎麵有「消炎糧食」的美稱。

而從前人們很有可能吃進一些雜物，如毛、草、灰塵等等，透過吃灌腸就可以把這些附著在腸胃內表面的髒東西清理下來，所以這種食品就被稱之為「灌腸」。這樣說來，這「慧中」的山西灌腸比「秀外」的北京灌腸和雲南灌腸略勝一籌了。

41. 羊雜湯裡的似水流年

喝羊雜湯有的時候也是一件奢侈的事。

上次和十多年的朋友說起讀書時最愛吃的食物，大家不約而同地說到了太原的羊雜湯。雖說現在彼此已不是對魚翅、鮑魚、松露之類肥腴甘濃之物垂涎的青澀少年，但說到羊雜湯還是口水盈盈。之後又說到何時大家一起再吃一次羊雜湯，突然彼此都沉默，只看見窗外的八重櫻粉白的花瓣飄飄落下，碰在窗玻璃上，發出驚心動魄的聲音。而現在想想，就連這個「上次」也是兩年多前的事情了。

其實，羊雜湯在太原叫做「羊雜割」。據說還是成吉思汗的母親的偶然發明。雖然舊時山西和蒙古聯繫緊密，然而我還是覺得無需為羊雜割找到這麼高貴的出身，這平民化的食品流傳至今仍然得到山西人的無比喜愛，便是最為人信服的明證。

羊雜割，所謂的「雜」，就是羊肚、羊肝、羊肺等雜碎之肉，「割」便是切成一片一片的。這羊雜割本來也沒有什麼稀奇，可是要把這羊雜的腥羶壓下去，把羊肉的鮮美味道提上來，不是件容易的事。羊雜割靠的就是老湯。

幾年乃至幾十年的歷次羊雜湯熬煮，那種鮮美不是用語言可以表達的。讀書的時候，同學們都是窮學生，天寒的日子，騎單車到了學校，已是雙手雙耳凍得通紅，鼻子除了還能夠聞見羊雜割的香氣外已經完全失靈。

大家便坐在一起眼巴巴地等著那一碗羊雜割。只見老闆麻利地把羊雜碎放在一直燒滾的老湯裡燙了鮮熟，盛在白瓷碗裡，多多撒了白胡椒，又用滾燙的老湯一澆，加了紅亮的油辣子末，撒了綠油油支棱棱的芫荽段，笑嘻嘻地端了上來。

趕緊喝一口，那個辣、那個香、那個燙、那個美。再奢侈一點的時候，按照個人不同的喜好，又要了缸爐餅子或者燒餅。

缸爐餅子，可能是更不常見的吃食。是用水缸為爐體，慢火烘烤出來的一種長方形的麵餅，油很少，可是麵很硬，一面烤得微微發黃，一面沾滿白

芝麻，咬一口，既有嚼頭，又滿口麥香。我往往是一半細細地嚼了，一半便泡在剩下的半碗羊雜湯裡，等餅子吸飽了羊雜湯的鮮香，再吃下去，真的是那時候最滿足的事情了。

燒餅是另外一種感覺，油香突出，焦黃脆熱，拆開來一圈一圈的，也是把綿軟的內裡泡在湯裡，是另外一番風味了。

人生就是這樣，你的能力慢慢增長，有的原來很難辦到的事情可以輕易地辦到了，可是有的原來很容易辦到的事情，你卻發現變得那麼難。「煢煢白兔，東奔西顧；衣不如新，人不如故」，欷歔之時，忘不了的是那一碗羊雜湯，曾經那樣地溫暖了我青春的似水流年。

42. 臘排骨火鍋，功比古樂

現在麗江讓我留戀的除了幾個朋友，就是納西古樂和臘排骨火鍋了。納西古樂不僅聲動肺腑，而且敦睦人倫。聽完納西古樂，我才真正知道什麼叫做如醉如痴：《紫微八卦》富麗堂皇的旋律把我帶入了奇妙的藝術殿堂；《浪淘沙》讓我能夠在幾百年後得聞宋詞的高妙之音；印象最深的是《開經偈》，那音律甚至可以調動我的氣脈，然後展現出極樂世界的畫卷——美音鳥在空中飛舞和鳴，飛天把光華閃閃的瓔珞珠花在天空不斷地拋灑，須彌山上的蓮花放射著七彩的寶光，天地間瀰散著優曇花的香氣。

能把我拉回現實的，就是一鍋熱氣騰騰的臘排骨。孔夫子對我來說已如高山仰止，所以孔先師聞韶樂而三月不知肉味，我卻做不到，在我心裡，如果納西古樂和臘排骨火鍋 PK，絕對是臘排骨水淹七軍啊。

臘排骨火鍋其實在麗江流傳已久，不知為何知名度倒不是很高，可能一般來麗江的遊客都是一對兒一對兒的，抑或單身渴望豔遇者，很少能湊齊一大堆人來品嚐臘排骨火鍋。我倒是每次去麗江都必點臘排骨火鍋。

臘排骨火鍋的鍋子一定要用紫銅的。我不是特別喜歡現在流行的鴛鴦火鍋等等川式的火鍋，一個是因為調料味濃，食材本身的滋味嘗不出來，另外就是因為那鍋子實在沒啥看頭，毫無器形之美。想起小時候吃東來順，最愛的就是那紫銅火鍋，往桌上一放，那麼厚重，於是店家和顧客便都得意起來，連帶說話都透著紅火和豪氣。那火鍋大度，腹中好大一鍋好湯，表面卻不動聲色，就連兩邊的獅頭把手都那麼威嚴，倒好像銜的不是鍋把兒，而是午門的兩個大門環似的。等一會兒開了鍋，一掀蓋，那騰起的水氣就讓所有人心裡那麼滿足。

可惜這幾年，紫銅火鍋實在少了，我弱冠之後，也就在一條龍吃過那麼一次紫銅火鍋涮羊肉。沒想到，邊疆之地的麗江竟然保留了這個傳統，所以從我 1999 年第一次去麗江起，那麗江的紫銅臘排骨火鍋就一直讓我那麼惦記。

臘排骨火鍋的主角當然是臘排骨。我更喜歡一年以上的老臘排，味道足，吃完排骨後連帶還能留鍋好湯。有一次陪一位上海「精英」一起在雲南的幾個地方轉轉，此人言必稱日本，看在日本人民的分上，暫不跟他計較。在麗江我們便一起吃臘排骨，人家吃了一口，彷彿被人打了嘴裡又塞入爛抹布一般的表情，然後又很懷念起日本的烤鰻魚來。我便笑嘻嘻地和他談起了上海外灘頂級餐館的法國黑松露，那松露幾小片便要千多元，料定這廝吃不起，就是吃必也心疼得沒有品出來味道，果然，人家面上便帶了訕訕，臨了，我和氣地告訴他，就連日本天皇也喜歡的這個號稱黑色黃金的法國菌子，其實是一股經年未洗的床單的味道。人家的臉色便像新臘排變成老臘排一般，逐漸地由蒼白紅了開來。

臘排骨火鍋不是像涮羊肉那般慢慢涮了來，而是除了臘排骨外，還要配粉絲、慈姑、馬鈴薯塊、芋頭丁、白菜段等等一起煮，煮好了一起吃。這粉絲定要用馬鈴薯粉，雖然馬鈴薯粉不耐煮，可是晶瑩透亮，本身也沒有像苕粉、綠豆粉那般有突出的味道，最能襯托臘排骨的香氣。配菜裡最好不要蘿蔔，紅的、白的、黃的一概不要，否則蘿蔔的味道太重和臘排骨不夠融合。

這幾年為了提升臘排骨的檔次，有的餐館也用新鮮的菌子和臘排骨組合成鮮菌臘排骨火鍋。通常選好的黃雞、竹笙和松茸，熬出的湯濃白香滑，先喝一碗湯，然後再大快朵頤臘排骨，最後拿個麗江粑粑給胃裡加個蓋兒，之後就可以什麼也不幹，努力托著發胖的肉腮，連續一個小時看著太陽回家的路線，那份滿足，就連帶窗外最平常的冬纓花也彷彿特別的嬌豔溫柔起來。

43. 毛豆腐和比較學

讀書的時候，我最喜歡的選修課程是「中西方文學比較」。從那個時候起，我就比較喜歡將同一範疇不同來源形態的東西加以比較。比如走過大理和西藏之後，我將白族傳統庭院式民居和藏族傳統碉樓式民居進行了比較；而在研究晉商文化的時候，我又試著將晉商的博弈心理和美國跨國企業的商業博弈心理進行對比。不斷的比較，幫助我對不同的東西理解得更加透徹。對於美食，我也如此。

在大理的「街天」（趕集的日子），我有時候會從下關騎幾個小時的自行車去雙廊。

雙廊在洱海的那一邊，環海公路上車輛並不多，迎著風一路騎下去，會讓人有一種撲向洱海懷抱的感覺。到了目的地，我最喜歡逛的地方是菜市場，而在菜市場，我總是會買一些臭豆腐帶回家。

臭豆腐有很多種，長沙火宮殿的油炸臭豆腐，一到路口，頂著風那股臭的化不開的熱浪就撲面而來。而我客居北京的時候，王致和的臭豆腐也是早餐的佐餐佳品。不過長沙的臭豆腐就和王致和的不同，不僅顏色不一樣，臭的味道也是不同的。從吃法上來說，長沙的臭豆腐多是油炸，北京的臭豆腐卻要直接塗抹在食物上，尤其是新玉米麵粉做的窩頭，要放涼了，抹著王致和臭豆腐，有種很神奇的味道。

那麼大理的臭豆腐呢？

大理的臭豆腐又叫毛豆腐，因為它確實在沒加工前是滿身長毛的，很像安哥拉的兔子。通常是把新鮮的板豆腐，在熱天裡放些稻草捂著，沒多久，豆腐就會長出白色或者微黃的真菌絲，也會發出淡淡的臭味。但是和北京的臭豆腐不同，豆腐本身的顏色只是變成乳黃並不發黑，而且臭味也不濃烈，是那種蛋白質發酵分解的味道。

臭豆腐的質感和鮮豆腐比起來，最突出的就是一個「軟」字。這個軟是那種綿而不化、滑而無渣的軟，臭豆腐的內裡，大理人用了個很形象的詞——「漿」，是那種化而不散的感覺，我想古書上記載的「玉乳」可能就是這樣了。

較之於鮮豆腐，臭豆腐的滋味更濃郁了，完全不像鮮豆腐或多或少會有一點豆腥氣，而是臭裡帶著香，豐腴裡帶著厚重。

臭豆腐在大理，常見的吃法是烤。一個廢舊搪瓷臉盆，鋪上一層木炭，然後用個方格網眼算子架在盆上，把毛豆腐一塊一塊放在上面慢慢兩面烤黃，然後用竹籤子穿起來撒上乾的辣子麵和鹽，就可以邊走邊吃了。也可以在平底油鍋裡放一點點油，慢慢地煎了來，豆腐被熱油一激，那散發出的臭味就更足一些了。

我的朋友們喜歡吃蒸臭豆腐。在陶鉢裡把臭豆腐攪碎成茸糜，加上煉好的辣子油，上蒸籠蒸透，出籠後再撒上剁細的芫荽和蔥花，也有加鮮薄荷葉的，吃起來就更加綿軟爽滑，回味無窮，還別有植物的一種清香在裡面。

毛豆腐也不是上不了檯面，在家裡，我們愛做毛豆腐炒豬血配蒜苗。還是先把毛豆腐煎好，然後把蒜苗切了菱形段。這個蒜苗倒是不強求用香蒜苗，大蒜苗倒是更能配合毛豆腐的味道。然後豬血切成一寸見方的小塊，最好用開水汆一下，把鍋燒熱滑油，撒切好的薑米和蔥花，把豬血也煎一下，然後撒蒜苗翻炒，最後再下入毛豆腐，共同炒熟，就可以出鍋了。這個菜在口感上蒜苗的脆韌和豬血的滑嫩、毛豆腐的綿軟正好相得益彰，而那些擔心毛豆腐有什麼硝酸鹽物質的人，豬血正好發揮解毒功效，也大可放心食用。當然我和當地人都是很放心的，畢竟我們已經吃了一千多年了。

大理的回族同胞也多，他們吃毛豆腐多數是做牛肉湯。把臭豆腐切成兩寸見方的塊，也多用蒜苗作配菜，洗淨切成斜刀段。鍋裡油到五六分熱，下臭豆腐慢慢煎成兩面黃，下蒜苗顛翻幾下，然後注入煮好的牛肉湯，再加鹽、味精、白胡椒粉，煮兩分鐘，出鍋後，再撒上煳辣椒麵或者另用辣椒、香菜做了蘸水碗也成。

44. 淡淡青團

青團是江南的小食，一般在清明前後上市，這幾個字眼——「青」、「江南」、「清明」，輕輕巧巧地帶來一團明綠的水氣，氤氳出江南的清麗春天。

其實這種在清明前後吃青團的食俗可追溯到兩千多年前的周朝。據《周禮》記載，當時有「仲春以木鐸循火禁於國中」的法規，於是百姓不生灶火，不見炊煙，「寒食三日」。在寒食期間，即清明前一二日，還特定為「寒食節」。

明代《七修類稿》也說：「古人寒食采楊桐葉，染飯青色以祭，資陽氣也，今變而為青白糰子，乃此義也。」清代《清嘉錄》對青團有更明確的解釋：「市上賣青團熟藕，為祀先之品，皆可冷食。」

小的時候，我是很愛吃青團的。基本上我回憶童年的生活，總是籠罩著青團淡淡的青草香。製作青團要使用一種田間地頭類似麥子的青草，但是這種草是不結穗的，我們就叫做麥青，後來我專門查了資料，可能學名叫做雀麥草吧。把麥青採回來後，用清水洗淨，再用一大鍋開水燙一下，這時滿屋子都散發出一股青草的香味。直到現在，我都特別愛聞燙粽葉的氣味，因為北京沒有麥青，聊勝於無吧。

麥青燙好後，揉成一團，擠出汁水，再把碧綠的纖維搗爛，然後糅進糯米粉，做成皮，通常餡料用洗澄好的紅豆沙，包成一個鴨蛋大小的糰子，上蒸籠蒸，等水氣上來後大火再蒸幾分鐘就好了。將麥青直接加在皮裡，正暗合了增加粗纖維的道理，算是歪打正著。後來，就只用青草汁，餡料也更為豐富，如豬油玫瑰、金針木耳鮮肉、雞肉筍絲、豆腐肉絲等，香氣也還正宗，只是形式改良（如果能算作改良的話）。

青團蒸熟後，色味俱佳，碧綠光亮，比一般未加青的糰子顯得既香且糯，特別好吃，產生一種回歸自然的美妙感覺。

因此，最近到上海，一路上與朋友說起青團，朋友很是詫異：「青團？現在一年四季有賣的呀，超市裡都有的。」我大喜，急切地買了來，顏色倒

是青綠，可是香氣已經沒有了，豆沙大抵沒有洗清，不能稱為「沙」，是一堆蒸熟的豆子的組合，唉，早知如此，不吃也罷，徒添悵然。

懷念因於惆悵，惆悵遠去的離別、舊日的不在，那是心頭的一團痛惜，一種揮之不去的情愫。世間事大抵如此吧？

45. 沒頭沒腦的頭腦

南方的天氣雖然總體上暖和，可是到了冬季，便是屋外倒比屋內暖。屋外的陽光一曬，渾身發熱，可是到了屋內背陰的地方，坐一會兒就手腳冰冷，這時候我就異常懷念山西的頭腦。

頭腦，可能除了山西太原的人外，知道的人不多，聽說的也大抵認為是豬頭豬腦做的一類什麼東西。其實說到這頭腦，倒真是一個流傳百年的老吃食。

《水滸傳》第五十回——《插翅虎枷打白秀英，美髯公誤失小衙內》有一段話：「那李小二，人叢裡撇了雷橫，自出外面趕碗頭腦去了。」這可能是目前我所見的有關頭腦最早的記載，但是因為僅此一句，也不知道此頭腦是不是彼頭腦。我說的頭腦是傅山老先生傳下來的。

傅山，可能知道的人也不多，如果聽說可能也是《七劍下天山》的功勞。

大多數人都把傅山看做一位反清復明的人物，其實傅山不僅有如此抱負，在書法上更是別具一格，在儒學研究上一改前人注重經學的研究，在子學領域開創一代恢弘局面，並且還精通醫道，有傅山的《青囊祕術》流傳於世。傅山同時也是一位孝子，老母年事已高，身體日漸虛弱，傅山於是潛心研究，辯證配伍，根據「醫食同源」的道理，創製出「八珍湯」，每天給老母服用，母親身體終於強健，壽八十四歲而終。

和傅山關係較好的一位甘肅平民，流落山西，生計艱難。於是傅山將此藥膳傳給他，助他開一小店。這八珍湯，是因著八種主料——就是黃耆、良薑、羊肉、羊髓、煨麵、黃酒、藕塊、長山藥。其中，黃耆乃山西特產，主治氣短、虛脫、心悸、自汗、體虛浮腫，歸脾、肺經；良薑治脾胃中寒，脘腹冷痛，歸脾、胃經；羊肉溫中暖腎，補益氣血，主治形寒肢冷，氣血虧虛，歸心、腎經；羊髓能補腎益髓、潤燥澤肌，主治虛勞體弱、腰酸膝軟、肺痿咳嗽，歸肺、肝經；黃酒主行藥勢，能殺百邪惡毒，通經絡、行血脈、溫脾胃、養皮膚、散濕氣、扶肝、除風下氣；煨麵就是炒熟的麵粉，可以暖胃；熟藕

可健脾開胃，止瀉固精，強健腦力；長山藥益氣力，長肌肉，久服耳目聰明。這幾味中藥和幾種食材，不僅搭配巧妙，把人體的主要臟腑都照顧到了，而且互相配伍合適，不是單一地補益某些功能，而是能夠彼此互相滲透、借力，共同促進人體的健康。

傅山的八珍湯不僅療效好，而且口味佳，小店一時生意興隆。傅山不僅要盡孝，還要為國盡忠。他開始逐漸整合反清復明的力量，就以八珍湯小店為聯絡點。為了表示對滿清的憤怒、體現漢人正統，傅山正式把八珍湯改名為「頭腦」，再在後面加上山西另一種風味美食的名字「雜割」（羊雜碎湯），為小店題寫了招牌「清和元」，連起來就是「頭腦雜割清和元」，表達他恨不能「饑餐胡虜肉」的豪情。而且清和元店門口掛紅燈籠，人們也趕早提著燈籠去清和元喝頭腦，隱喻「明」朝的意思，真個是「天不欲明人欲明」。

頭腦雖然知道的人不多，但是在家裡自己也可以製作。關鍵是注意幾個要點：一、羊肉要選綿羊腰窩肉，易於煮爛而且不腥羶；二、黃耆最好選正北芪，切好的放三四長條片就行；三、羊肉煮好後，清羊湯拌煨麵加上山藥小段，細細的熬，可以煮到麵糊發稠為止；四、麵糊煮好後再加藕片，但是稍沸即離火，一是為了藕片略顯脆爽，形成質感的對比，另外也為了麵糊色白稠濃，不變褐色。

做好的頭腦看起來麵糊稠白，濃黏而有厚重感，喝到嘴裡要求達到「甜、軟、綿、香、熱」，喝不了幾口，就覺得胃裡暖烘烘的，一碗喝完，也不見得身上出微汗，可是全身都通暢舒泰，彷彿外面有多大的風雪都能應付。

喝頭腦有兩樣東西不能少。一個是醃韭菜，選用霜降前收穫的寬韭菜，去黃稍，摘揀後洗淨，控乾水分，切成約五六釐米長的段，加了精鹽醃一二日，喝頭腦時配一小碟，不僅口味上更加鮮爽，更重要的是醃韭菜就好比藥引子，可以發揮頭腦最大的功效；另一個少不了的是帽盒子。帽盒子是太原特有的一種麵食，就是烤餅子，但是比尋常燒餅小很多，短圓柱形，中間空，是用不發酵的麵粉加入椒鹽捏成兩片空殼，合在一起，入爐烤制。喝頭腦時把帽盒子掰成小塊，泡在頭腦湯裡，噴香耐嚼，別有風味。

近年有機會又去了一次太原，當成件大事的專門去清和元喝了一頓頭腦，才早上七點鐘館子裡就已經坐滿了人。鄰座的老大爺，從白露到立春頭腦的供應期間，每天早上五點起床趕第一鍋的頭腦，吃完了一抹嘴，衝我說：「小夥子，好，喝頭腦的年輕人少，可是頭腦真是個好東西，以後常來喝啊。」這話他說的底氣真足，說完了微微瞇起了眼，走到外面曬起了太陽。

　　可不，我一抬頭，真好的太陽。

46. 半面妝的餡餅——披薩

《南史·梁元帝徐妃傳》載：「徐妃以帝眇一目，每知帝將至，必為半面妝以俟，帝見則大怒而出。」這徐妃有點意思，在那波詭雲譎的後宮，不知邀寵爭愛，反而因為皇帝瞎了一隻眼，每次皇帝來，自己只化一半臉的妝容，結果氣的皇帝拂袖而去。我想徐妃大概非常美貌，便有了有恃無恐的資本，而且保養有方，否則民間便不會有「徐娘半老」的俗語來形容婦人年華老去卻仍有風韻。

知道這些歷史上的花邊新聞並不算什麼，可是把這件事當笑話講的是個義大利小夥子，這本身就充滿了戲劇效果。事情很奇怪，在很多中國人瘋狂地喜歡外國物質生活的時候——香水天天噴鴉片、提包一定 LV，很多外國人在中國傳統文化方面比中國人還中國人。

這義大利小夥子就是在做披薩的時候講的這個故事，然後說：「你看，披薩就是半面妝的餡餅。」哈哈，這倒是真的形象。據說當年義大利著名旅行家馬可·波羅在中國旅行時最喜歡吃一種北方流行的蔥油餡餅。回到義大利後他自然也是朝思暮想。一次朋友聚會，馬可·波羅又提起這個人間美味，朋友中有一位是來自那不勒斯的廚師，他決定讓馬可·波羅重溫舊夢。可是忙了半天，仍無法將餡料放入麵糰中，而等著的眾人已經饑腸轆轆。於是馬可·波羅提議就將餡料放在麵餅上吃。大家吃後，覺得還不錯。於是這位廚師回到那不勒斯後又做了幾次，並配上了那不勒斯的乳酪和作料，我想肯定也借了中國那異國風情的宣傳，於是食客們紛紛嘗試，從此「披薩」就流傳開了。

不過這義大利小夥子又對今日中國的披薩有些不忿。在義大利，披薩餅的概念法律上有明文規定，只有按照傳統方法使用麵粉、番茄、Mozzarella（莫扎瑞拉）乳酪、橄欖油、羅勒和牛至葉製作的薄餅才能夠被稱作披薩餅。比如「瑪格麗特」等等傳統披薩才被義大利人認可。而正宗的披薩必須具備四個條件：新鮮餅底、上等乳酪、相匹配的披薩醬和新鮮的餡料。餅底一定要每天現做，麵粉一般用春冬兩季的甲級小麥研磨而成，然後要加入每家披薩店獨有的配料，這樣做成的餅底才會外層香脆、內層鬆軟、滋味濃郁。同

時還要求餅底有一定的柔韌性，因為不是任何時候都會在餐館裡用刀叉慢慢分割來吃，如果在路上，或者嫌麻煩的時候，也要把麵餅從中間對折，既不能斷開，又要包住表面的餡料，這也是檢驗做麵餅水平高低的一個方法。而純正的乳酪是披薩的靈魂，正宗的披薩一般都選用富含蛋白質、維生素、礦物質和鈣質及低卡路里的甲級 Mozzarella 奶酪。烤好的披薩，上面撒的奶酪絲既不能桀驁不馴，又不能一塌糊塗，要有很好的拔絲效果，才能在口感上體現奶酪那純美的奶香和順滑的質感。而 Mozzarella 奶酪是用純的水牛奶製作而成，色澤淡黃，口感非常柔和，融化性也非常好，是做披薩的首選奶酪。

至於披薩醬，根據口味會有不同的配方，然而要放牛至葉粉，才夠得上真正的披薩味道。而餡料的選擇，雖然現在已經多種多樣，但是也有一些配菜的原則，而不是大雜燴。特別是食材的選擇也有要求，比如香腸，就要放義大利香腸，而不是熱狗或一般脆肉腸，而醃肉則是加拿大的最好了；至於火腿，雖然帕瑪火腿有點鹹了，那起碼也要油潤紅嫩的，而且不能太乾太硬。

披薩按照尺寸大小分為三種規格：6吋、9吋、12吋，按照麵餅的厚度分為厚薄兩種。如果要切割的話也有約定俗稱的規矩，6吋的披薩切成4塊，9吋的切成6塊，12吋的切成8塊。

我喜歡吃厚麵餅的披薩，因為薄麵餅的太像做得不夠道地的煎餅，而它無論配什麼餡料，都不如卷大蔥蘸醬來得痛快。在北京的時候，我最喜歡後海一家叫做「衖衖」的披薩店。他們有著傳統四合院的店面，還有柔和溫暖的黃色燈光，還有厚實的牛皮紙披薩外帶盒子，最重要的，有好吃的披薩。

然而他們自己最引以為傲的是傳統的「瑪格麗特」，因為據說這是最簡單的，主料是普通的番茄片，然而又是最正宗和考驗水準的，最樸素的食物才有最真實的味道。

看看，做個披薩都有這麼大的學問，還有如此深刻的感悟。為了向披薩和中國傳統文化致敬，我也做了一個決定——在小範圍內把披薩命名為「徐妃餅」，你覺得怎麼樣？

47. 不是「豆」你玩

雲南的各種雜糧很多，其中豆類又是「大腕」，當然唱主角的是豌豆。

我喜歡在菜市場買回新鮮的豌豆莢，看著胖嘟嘟圓溜溜的青豌豆從自己的手裡滾出來，覺得一種生活的喜悅油然而生。然後把豌豆用清水洗了，切小小的雲腿丁，一定要用宣威的火腿，不是為了其他的，就是喜歡正宗的雲南味兒。

然後用油略炒再加水燜一小會兒，就是很好的雲腿豆丁了。

這是在家裡。在街上，趕廟會、火把節、三月街的時候，我往往不按點吃什麼正餐，就是尋了豌豆的小吃來不時嘗嘗鮮。我最常吃的是豌豆粉。豌豆粉是將乾豌豆淘洗乾淨，曬乾，磨成豆瓣，除去皮，再磨成粉，過籮篩，篩出細麵入盆兌入清水攪成漿，還要加上少許鹽巴。然後把粉漿上鍋熬製成稠漿，成為稀豆粉，盛入瓦盆冷卻凝固後，翻扣在木板上，蓋上濕紗布，就成為一大砣人人喜愛的豌豆粉了。

做好的豌豆粉狀若凝脂，色如黃玉，還有如同豌豆薄餅的豌豆鍋巴皮，一看就誘人食慾。

當老媽媽拌好豌豆粉後，你的食慾一定會更加熾盛。豌豆粉的攤子一般都是小平板推車，一邊是放了幾大砣豌豆粉或者卷粉，一邊便是不同的調料罐子，後面是碗筷和老媽媽的一些工具。車前還要放置兩三條板凳，供客人坐了細細品嚐。那些調料是白醋、薑水、蒜水、花生碎、芝麻油、花椒油、鹽、胡椒麵、紅辣子油，還有切得細細的白蘿蔔絲和綠瑩瑩的韭菜段。老媽媽一邊熟練地將豌豆粉切成薄條入碗，一邊嘴裡說著好聽的大理話：「鹹點？甜點？辣椒葛（可）要？」然後左手托著兩個碗，右手快速地在各種調料之間運動著，只見小勺忽上忽下忽左忽右的一番飛舞，隨著客人的回應，一眨眼的工夫調料就全部加完了，一大碗香噴噴、讓你流口水的豌豆粉就盛裝出現在你的面前。

有的時候還不是很餓，又覺得走得疲乏，便去喝稀豆粉。就是豌豆粉的前身。敞口大陶碗裝了稠糊糊的稀豆粉，撒了松枝烘烤的蕎麵薄餅絲，又用脆生生、油汪汪的老油條塊堆了頂，一層瑩白、幾分灰褐、冒尖的金黃，在其上是氤氳的熱氣，我只覺得自己的嘴小。經過稀豆粉浸泡過的油條、蕎絲，軟軟的，香香的，吃起來非常爽口，吃完了渾身舒暢。

還有一個豌豆的遠親是「雞豌豆」，後來就簡稱為雞豆。雞豆，其實是產自麗江的一種豆子，比綠豆還小，豆子磨麵濾漿冷卻成形做成涼粉就是雞豆粉了。雞豆粉色澤綠灰，像是山西等地的綠豆涼粉，可是又沒有那麼透亮有彈性，不過味道也是一樣的好吃。雞豆粉可以涼吃也可以熱吃。涼吃可拌醋、醬油、蔥花、韭菜、辣椒麵及大蒜茸、椒麻油，消暑開胃；熱吃是把雞豆粉切成不規則小塊，用平底鍋加油兩面炸黃，再加上調料，放點韭菜、香菜，味道就香了起來。

在潺潺流水旁，木桌上擺著一盆開得正好的水仙，吃一碗雞豆粉，人生快事也哉！

48. 名士餘韻南京菜

　　我喜歡南京，這座城池和我似乎也頗有淵源。我一向心裡暗暗自負的酒店管理思想，有著南京金陵飯店的管理思想源流。而我也很嚮往這座古稱「金陵」的城市。按說我長於太原，也是大唐王朝的龍脈興盛之地，在北京前後工作了近八年，對北京也是很有感情的。然而照我來看，這最後兩百餘年的帝都，因為今日之繁華變遷，已如西方之紐約，彷彿難窺紫氣，只是十三陵一帶還真能感覺出虎踞龍盤的氣象。

　　南京在今日中國的地位有些尷尬，上不比上海、北京繁華熱鬧；下不比昆明、拉薩邊情明麗。然而，我覺得南京真的有一種王氣，雖然流年偷轉，石頭冷寂，然而有著卸不盡的粉黛鉛華。這古都之氣象，不似北京馬背上得天下，霸氣更盛；也不似上海，浮華一片，更多來自於十里洋場。南京的氣象，是名士的氣象。走在南京的冷僻之處，偶爾從老房子裡驚飛的一隻紫燕，彷彿帶出一片舊夢裡的傳奇。

　　南京、金陵、秣陵、建業……每一次南京的名稱變遷，雖然不過兩個字，卻又含著多少興亡輪迴、滄海更替、雪消冰散？然而，這裡畢竟是南京，是謝安下過棋、王石畫過畫、柴王孫吟過詩的南京。那名士風流是散不盡、掩不住的，餘韻在南京菜裡流轉不息。

　　南京菜還不能算作是一個大系，但是南京菜又是不可替代的。在經濟和政治上，雖然北京把南京取而代之，然而享譽全球的北京烤鴨畢竟還是便宜坊從南京帶去並發揚光大的。烤鴨的技法雖可北上，然而帶不走的是浸潤千年的名士氣韻。我愛吃的馬蘭頭拌香干、菊花腦、薺菜、藜蒿，彷彿都帶著六朝水雲氣的清香。這些時鮮，應該算作「金陵四草」。當年謝安從隱居之地到桓溫那裡上任，頗有人看不起，借物而諷：桓溫所用草藥，一味是遠志，亦名小草。桓溫很好奇一味草藥有兩個名字，參軍郝隆解釋說：這草藥，隱在山石中的部分就叫「遠志」，可長在山石外的就叫「小草」。其實就是諷刺謝安隱居時名滿天下，好比「遠志」，而出山後，只當個小司馬，也不過

就「小草」一棵。可是就是這株小草，與人談棋品茗間，卻讓前秦風聲鶴唳草木皆兵。

謝安的平淡，是那種出世入世皆自如的風流，這金陵四草倒真是謝安的知己。

相比金陵四草，雞火煮乾絲和鴨血粉絲湯是那種清淡中讓人懷念的香氣，看起來不像川菜那般火紅顯眼，又不像本幫菜那麼濃油赤醬，卻偏偏不輸滋味，一樣的回味悠長；就連小小的甜品——雨花石湯圓都那般出塵，靜靜地躺在白瓷的小碗裡，不帶一絲人間煙火氣，如長江裡靜待沖刷的卵石。

我在南京，如果是平常不是很餓的時候，最大的願望就是能氣定神閒地喝碗雨花茶，抬眼望處，烏衣巷裡雨絲空濛，信手拈一塊兒點了胭脂紅的鵝油酥餅，便很是心滿意足了。而秦淮河邊如寶塔般的魁光閣，也是我最喜歡待著的地方之一。南京評定的小吃「秦淮八絕」——「一絕」是魁光閣的五香茶葉蛋、五香豆、雨花茶；「二絕」是永和園的開洋乾絲、蟹殼黃燒餅；「三絕」是奇芳閣的麻油乾絲、鴨油酥燒餅；「四絕」是六鳳居的豆腐澇、蔥油餅；「五絕」是奇芳閣的什錦菜包、雞絲麵；「六絕」是蔣有記的牛肉湯、牛肉鍋貼；「七絕」是瞻園麵館的薄皮包餃、紅湯爆魚麵；「八絕」是蓮湖甜食店的桂花夾心小元宵、五色糕團。魁光閣是小吃店裡排第一的，而因為茶葉蛋和五香豆實在是簡單，有的朋友很是不屑，可是坐在靠窗的三樓，看著秦淮河上船來船往，忽生恍惚，便覺得這小吃裡充滿洗卻金粉後的淡然，果然別有風味。

愛吃人裡的一位真雅士，叫做袁枚的，未必不是在這名士風韻裡趕著寫一部《隨園食單》，然後呼朋喚友細細地品味南京菜。我覺得《隨園食單》的精華倒真不是那帶些不厭其煩、故作姿態的文人菜，而是深入骨髓、盡得真傳的名士態度。想到這裡，我笑自己，其實幹嘛要把南京和北京、上海相比呢？

南京就是南京，何妨安然地在南京菜的香氣裡回想六朝的雅韻風流。

49. 吃在揚州

俗語說：吃在廣州，住在杭州，死在柳州。我想後二者人們也未必全都認同，況其反響平平，唯獨「吃」字一項，卻是關乎名節和情趣的大事，自古就爭論不休。

「吃在廣州」得到無數吃成一家的人的推崇，然而我自己的舌頭卻不買美食家的帳，按照我個人的喜好替我選中揚州的小吃為至味頭牌，鑒於它對「實踐是檢驗真理的唯一標準」的實際貢獻，我姑且聽之。

揚州處於江浙魚米之鄉，富庶自不必說，交通又很便利，所以揚州立足自身，又兼顧其餘，小吃自成一派。如著名的「蟹粉灌湯包」，用蟹肉拌以豬皮凍、雞湯凍，配以薑、蔥、鹽等調味為餡，竹籠蒸熟後，湯汁在包子內流動，使包子有種顫顫巍巍的感覺，令你食指大動。再加上穿著藍印花布、一身素淨的服務員小姐在旁用揚州土話輕輕提醒你吃蟹粉灌湯包的妙訣：輕輕提，慢慢移；先開窗，後喝湯。那充滿韻味的土白滲入包子中，更增添了不知幾多妙味。

而廣州就不同，廣州菜式繁多，但給人一種堅苦卓絕的印象。廣州的小吃，往往無法從浩瀚的歷史長河中尋出文化的淵源，因此在氣勢上先輸了三分。

但堤內損失堤外補，沒有悠久歷史也好，可以凸顯廣州文化，並且由於和臺、港口味近似，卻也可以有現代流行的文章來做。此外，廣州人敢吃，大嘴吃八方，大嘴吃萬物，穿山甲、果子狸，跑的沒有吃的精。廣州在吃上也下工夫，是真花時間，湯湯水水的一燉就是五六個小時，怪不得廣州人一個個精壯威猛，單是火裡的能量就占了不少。比起廣州，揚州似乎更注重食品的本味。調料香和食品本味之間永遠都充斥著「物極必反」的辯證關係，是以不同的菜系取向不同。比如揚州的鴨包魚翅對廣州的魚翅碎羹，前者主料突出，味純清淡，後者是以蘿蔔絲雜以魚翅的碎屑而成，但蘿蔔純屬擺設，蓋要先以清水漂洗多次，以去蘿蔔之臭味。所以，茄羹究竟算不算茄子，實質上其理論過程和「白馬非馬」相同，所以，讓現代的食文化附著上這一從

遠古辯到現今可能還要辯到未來的「公說公有理，婆說婆有理」的偉大命題，無疑在飲食文化發展的迷茫、緩慢運行的身軀上更增了一分沉重，也更使其顯示出某些超越了馬斯洛需求理論的古怪現象，值得心理學界深入探討。

　　拋開對比，單說揚州小吃，其選料較合乎我的心意。如翡翠燒賣、松仁糕、玫瑰餅、芙蓉餃、茶粉糰子，真有啖松實，枕花蔭，聽流泉，品仙茶的風範，不大呼「仙乎，仙乎」豈能表我之歡樂哉！

　　所以，如果說密宗是禪的極致的話，那麼，揚州小吃絕對是中國美食裡的密宗。

50. 老北京奉獻的美食

北京也許是飲食最多、最雜的城市。作為中國最後兩個皇朝的都城和新中國的首都，在離我們最近的 600 多年間，北京成為國人心中最為舉足輕重的城市。北京也成為各路商家爭相湧入的寶地，毫不例外的當然也有飲食。

無論閩粵海鮮還是漠北駝掌，也無論滿漢全席還是傣味小吃，在京城找起來都是毫無困難。

作為自己獨特的飲食來說，北京小吃沒有江南點心那般花紅柳綠、溫婉香甜；也有新疆風味那般充滿異域風情，到處散發著孜然特殊的香氣；也不像雲南美食那般充滿自然的馨香，原料多種多樣。然而，北京的小吃就是北京的小吃，除了北京，不可能再有這樣的食物出現，讓人一看到它們，就明白這種食物出身的地方叫做京城。

在北京的眾多風味飲食裡，我比較喜歡的是這麼幾種：首先要說滷煮火燒。做滷煮應該是北方人的擅長，因為要用的豬的一些內臟用北方味重的方法做出來，不僅沒有食材異味，反而很能激發特有的香氣。做滷煮不是一件簡單的事情，尤其要注意不同原料的滷煮時間。第一遍要用涼水煮原料，以去除雜質，這時要先放豬肺，然後按順序放豬腸、豬肚，燒沸後，才放入豬肝、豬心，微火燒煮 20 分鐘後，要先撈出肝、心，再過一小時，再撈出肺，再過半小時，才撈出腸和肚，之後去油，重新下鍋煮半小時，當能用竹筷扎進時，同時撈出。然後還要入味，要用蔥、蒜、薑、醬油、腐乳、豆豉、八角、花椒、鹽等香料再煮，燒沸後還要放料酒接著去腥。直到煮得紅潤油亮，湯色偏黑，香氣撲湧時才算完成。有客人來了，就把餓麵火燒切好塊，和炸豆腐放在滷煮中一起煮入味，然後撈出盛在碗裡，再把豬腸、豬肺等撈出切成菱形塊，一起放入碗裡然後用沸的滷湯一澆，撒上蔥絲，喜歡酸辣口的客人自己澆上陳醋和辣椒油，本來是下腳料的東西，卻能香飄四方，引得路人紛紛駐足。

我還喜歡的北京的一樣吃食是炒麻豆腐。麻豆腐是制粉絲的下腳料，也就是濕綠豆渣兒。炒麻豆腐要用羊油，而且還是羊尾油。正宗的麻豆腐的四

種必備原料就是羊尾油、雪裡紅、黃醬、青韭。炒麻豆腐，用羊尾油是為了增加油香，加一些雪裡蕻是為了讓炒出的麻豆腐有筋骨，為了提鹹味和增加豆香氣，要加黃醬一起炒。炒得之後，用勺子在麻豆腐中間打個窩，中間加入炸好的辣椒油，周圍則要撒上青韭。青韭比普通韭菜細，蔥芯綠，用刀一切滿屋子都會飄著韭菜的香氣，最重要的是燙熟之後沒有老韭菜的臭味兒。

現在不好找了，有的用嫩青豆代替也是不錯的選擇。炒好的麻豆腐，四周浸出一汪黃色的油來，麻豆腐顏色灰綠，微酸帶甜，麻辣清香，很是開胃。

麻豆腐雅俗共賞，普通百姓愛吃，有錢人也愛吃，很多人吃得上癮，梨園界名角大腕，也都好吃這一口。著名京劇大師馬連良先生就是其中的一個，而且還善於製作麻豆腐。梅蘭芳先生的夫人福芝芳女士也愛吃炒麻豆腐。每至冬季，馬先生常把炒好的麻豆腐親自送到梅家，常是用一個大白手絹提著盆，一進院就喊：「大嫂，我給您送您愛吃的炒麻豆腐來了。」梅夫人也要到院內迎接，並說：「讓您『費心』了，三哥。」「費心」二字，說得很有分寸，因為麻豆本身很便宜，如果說「破費」就不恰當，說「費心」就更能見到馬先生的良苦用心。

老北京還有兩樣點心，我也覺得好，就是豌豆黃和棗花酥。豌豆黃是用上好的豌豆煮為細粉糊，用糖收成稠豆泥，再小火炒收乾，倒在模子裡晾涼結塊成為豌豆黃。上桌的豌豆黃，顏色金黃，細膩涼甜，入口即化，菱形塊上再配小金糕條兒，紅黃相襯，看著都那麼富貴吉祥。棗花酥是老北京點心「京八件」中的一種，形似花瓣，厚薄均勻，以棗泥為餡，餡心細膩，棗味純正，松酥可口，色澤乳白。配了剛出的綠茶來，香氣混合，茶的微苦、棗的清甜，一時無兩。

51. 雲南美味清真菜

雲南是少數民族的聚集地區，我在騰衝的街頭就發現了很多回族同胞開設的清真食館。經過和朋友們的一段時間相處，發現他們也很喜歡這些清真菜，隔三差五的不去吃一頓「牛菜」就很想念，慢慢的，我也發現了這些雲南清真菜的魅力。

回族清真膳食主要以牛肉、羊肉、雞肉、鴨肉、時鮮瓜果蔬菜及其他副食品為主，特別講究清潔衛生，以鮮活為宜，未經宰殺的雞、鴨、牛、羊和動物血液一概不吃。我雖然不信奉伊斯蘭教，但是回族清真菜「養壯不養胖」的特點正合我心意。雲南清真菜因為雲南的回族長期和漢族及其他少數民族共同生活，更具有了很多滇菜的特點。其烹調的各種菜以淡、燙、鮮香沙壯、醇厚回甜、富於營養為滇味特色，還使用了草果、薄荷等大量雲南特色的香料進行調味。

在騰衝，清真館子裡最富特色的是牛乾巴和臘鵝。雲南漢族善制火腿、臘肉，回族則醃得好乾巴。乾巴是雲南獨特的食品，以尋甸、會澤等回族聚居區產的為最好。乾巴便於攜帶、保存，吃時油炸、水煮、火燒無不可，調味甜鹹酸辣皆宜。我在西藏、德宏傣族景頗族自治州等藏族和傣族聚居區也吃過很多牛乾巴，不過回族食用牛乾巴有很大的不同。醃製乾巴要在寒露前後選壯牛宰殺，割下規整牛肉，在通風處晾透後，用炒過的食鹽揉幾遍，也可加些五香粉、花椒粉之類。裝缸醃時要放平壓緊，再撒一層鹽，用幾層紙蒙好缸口紮緊。

20 天左右出缸，吊掛晾曬，兩天后平放在簸箕裡加壓擠水再曬，直至肉已乾硬即成。製成的牛巴排排列於木架上，塊型齊整，色如粟殼，聞之有香。

藏區的牛乾巴有黃牛的也有牦牛的，多是風乾了後手撕了來吃，更有粗獷的勁道；傣族的牛乾巴通常火燒，然後捶松，撒了乾辣椒麵等食用，別有一番風味。騰衝回族牛乾巴最常見的吃法是油煎，柔韌有嚼勁，很有牛肉的特有香氣。

　　臘鵝是另外一種騰衝清真館裡的美味。回民同胞把填肥的大鵝宰殺乾淨，剖胸掏出五臟，放食鹽、硝、酒等醃製，壓製成餅形，徹底風乾，就成為了制好的臘鵝。我不是很清楚臘鵝的食用方法，但是覺得如果要保持鵝肉不是很硬緊，似乎先煮一下然後用油慢慢浸炸，便成為了一盤鵝油汪汪的臘鵝了。用深栗褐香的臘鵝片蘸著鹽巴和草果粉，入口耐嚼，並且有很濃郁的鵝肉香氣。《隨患居飲食譜》曾經註解：「（鵝肉）補虛益氣，暖胃生津。能解鉛毒，故造銀粉者，月必一食也。」《本草求真》也講過：「鵝肉，究之味甘不補，味辛不散，體潤而滯，性平而涼，人服之而可以解五臟之熱及於服丹之人最宜者，因其病屬體實氣燥得此甘平以解之也。」臘鵝肉好吃，鵝油也千萬不能放過，用鵝油拌稻米飯，也撒些草果麵，不僅不膩，還油潤香滑，讓人忍不住連吃幾碗。

　　當然，清真菜還有很多，像什麼燒蹄筋啦、燒牛肉啦等等，回族同胞們都是深得此類菜餚的製作精要，不僅軟爛滑嫩，而且風味十足。怪不得，雲南清真菜也是滇菜的重要支柱之一呢。

52. 藏地飲食回憶

作為一位藏傳佛教的信徒，去西藏朝聖是我的夢想。終於，有機會邁出這一步，成就了我生命裡一段絢爛的經歷。

約了不同地方的網友，大家在成都集合，租了一輛車，從川藏公路進藏。在沒到拉薩之前，很多人跟我說：拉薩變了，除了經幡和偶爾看到磕長頭的藏人，拉薩已經和內地的大城市沒什麼區別，就連布達拉宮裡也滿是遊客，已經不像一個佛教聖蹟，而是一個遊樂園了。我是將信將疑。結果這一路走來，我得出了和他們完全相反的結論。

現在，再有人這樣跟我說的話，我往往面帶微笑地問他：「你是坐飛機去的吧？」我不是看不起坐飛機去西藏的人，因為畢竟不是所有人都有充裕的時間和體力，而去西藏幾乎是每個遊客的旅遊夢想。

但是，坐飛機去西藏，往往會得出這樣的結論：拉薩沒什麼意思。這是因為你沒有機會得到自然對你的洗禮。

我的那次川藏線之行，同車的人歷經 10 天抵達拉薩，之後大家各自奔赴自己感興趣的地方。我去了山南、日喀則等地著名的寺廟，在拉薩又作了一段停留，大概一共花了 25 天的時間。那次同車的朋友都和我一樣，對拉薩、對西藏、對整個藏區都充滿了深厚的戀情。當我們吃過了巴朗山口的野山果，看過塔公草原三神山上的雄偉旗陣，得到過高爾斯山第一縷陽光的照射，穿過了世界第一高城理塘，拜過了常青春科爾寺的六道輪迴，趟過了海子山的茫茫雪原，經過了拉烏山的紅土牧場，曬過瞭然烏湖邊的夕陽，轉過了來自億年前的冰川，賞過了波密的點點桃花，闖過了通麥傾斜的土路，在色季拉山口懸掛經幡，為措宗寺的佛像點過酥油燈，沿著廣闊柔麗的拉薩河到達拉薩之後，真正的感受到拉薩是萬山之山拱起的聖城。去拉薩，不是僅僅為了看拉薩，而是大自然一路對你的心靈的洗禮，讓你寧靜安忍，靜謐如大地。

這樣，你自然會發現拉薩的美。

　　一路走來，認識不少好朋友，在一起用餐的過程中留下不少溫馨的回憶，自然也讓我對藏地的飲食充滿了感激。

　　在藏區，我喜歡的飲料是酥油茶、青稞酒，還有酸奶。酥油茶大家都很熟悉，其實北京的藏餐廳也有售賣，可是酥油淡薄了些，實際已經沒有什麼西藏的味道了。我在然烏雅則村卜住家裡喝到了純正的酥油茶：色澤淡褐，香氣濃郁，表面浮有油花，喝起來鹹香、順滑、油潤，越到後來磚茶的味道越突出。青稞酒也是我喜歡的，味道略酸，分為青青稞酒和黃青稞酒，分別是由生青稞和熟青稞釀造而成。藏地的酸奶白皙稠濃，甚至凝結成塊，味道偏酸，可是更感自然。我自己喜歡的吃法是將人蔘果蒸熟，拌在酸奶裡作為小食，一邊看書一邊食之。這人蔘果其實就是蕨麻的根，色黃褐，味清香，質綿軟。

　　我還愛吃的另外一種奶製品就是「曲拉」，就是奶渣子捏成小塊曬乾而成。

　　奶香濃郁，脆爽香滑。很多人喜歡的甜茶我倒是覺得一般，不過就是紅茶加糖加奶，有點英式下午茶的不倫不類。

　　說到大菜，我喜歡的是酸蘿蔔炒牛肉絲、藏式烤蘑菇、藏血腸、夏卜清和烤羊排。酸蘿蔔是胡蘿蔔泡酸以後切成的絲，和牛肉絲炒在一起，酸香撲鼻，卻不油膩。藏式烤蘑菇很清淡，一個個的香菇片上灑著細碎的小蔥花，略略塗著薄薄的辣椒醬，最主要的是撒了青稞麵粉，這樣烤出來才有特殊的香氣。血腸做法和漢地的相同，但是不完全是血，裡面還有切碎的肉丁。

　　夏卜清是生牛肉醬的意思，配著糌粑團吃，很清口的鮮美。烤羊排不完全是烤，先用水略煮一會，再烤，肉質比一般烤肉要嫩，而且油脂外溢，發出誘人的香氣。

　　當然，在丹巴的甲居寨子裡，我們也吃到了嘉絨藏族的日常美味。那是在藏區選出的「石榴花」小拉姆的家裡，小拉姆的媽媽勤勞而又善於操持家務，很快將晚飯佈滿了桌子。家拌臘肉、鹹肉蒜薹、素炒洋芋片、酸菜湯等等，簡單而美味，金黃的玉米粑和又硬又幹的烤大餅給我留下了深刻的印象。

晚飯正歡暢，小拉姆的大姐回來了，而小拉姆的二姐也過來敬酒，並且唱了一首傳統的藏歌，現場氣氛瞬間爆炸，大家圍著三姐妹叫啊鬧啊，彷彿碗裡的青稞酒已經飛散到空中，整個甲居熏醉在濃郁的酒香中。

而在魯朗鎮，我們品嚐了西藏著名的美食——石鍋雞。我總是和雲南的汽鍋雞混淆，說錯了好幾次。其實石鍋雞最重要的是要用西藏特產的石鍋，石鍋是用菱鎂礦、蛇紋石等石材整體雕鑿而成，導熱性能很好，受熱發熱均勻，因此能夠完全把柴雞的美味燉製出來。而汽鍋雞是透過鍋中設置汽嘴，收到連蒸帶煮的效果，使雞肉的香味完全的提煉出來。

石鍋雞的湯中還加了西藏特產的手掌參，配料還有薏仁、蓮子、紅棗、菜豆等，湯色略顯乳白，上面有星星點點的油花，香氣撲鼻而清爽，味道醇厚而讓人回味。雞肉充滿彈性，卻又不難咬動，而且手掌參綿軟清香，在嘴裡形成鮮明的質感對比，令人大快朵頤。雞肉吃了幾塊，喝點雞湯，再用原湯涮一些蔬菜，真的是搭配合理、滋味無窮。直到晚上睡覺時，彷彿嘴裡還留著石鍋雞雋永的香味。

對於主食，我喜歡藏式炒麵和馬鈴薯咖哩飯。如果胃口不好，我也選擇一些點心，經常吃的是「推」。推就是奶渣糕，用糌粑粉和奶渣子以及一點酥油加白糖細細和勻了，再擠進模子裡，製成一個個兩面有浮雕蓮花的心形小糕點，看著就流口水。

有的時候還吃安多包子。燙麵的皮子有韌性，裡面是整個純牛肉的大丸子，再加一汪油水，蘸著辣醬，一個字：香！

要說到拉薩的餐館，我喜歡的有岡拉梅朵和雪域餐廳。岡拉梅朵的牛肉餡餅味道真的非常棒，經常是我下午補充能量的主要食品。而且岡拉梅朵的環境確實很舒適，牆上是西藏風情的油畫，輕柔的燈光像是情人的注視，還有開闊的天臺，成為我在拉薩飲食的首選。雪域餐廳的涼拌牛頭肉很好吃，我的藏族朋友雲登說味道很正宗。還有布達拉風情園的血腸味道綿軟，蘿蔔牛肉湯味道鮮美。如果是酸奶和酸蘿蔔炒牛肉絲我建議去瑪吉阿米，我在北京仍然不能忘懷而經常光顧。

當然還有一些日常的小吃，我喜歡鹽水煮的白瑪馬鈴薯和哲瑪卓斯。白瑪馬鈴薯澱粉含量多，入口綿密，清香回味。哲瑪卓斯是用白米飯和了酥油和人蔘果一塊蒸熟，味道甜軟，經常被我當了甜品。

除了這些還有很多，然烏湖邊正在蓋房子的人們吃的牛肉湯麵；七世達賴喇嘛、一世香根活佛、八世帕巴拉呼圖克圖、三世哲布尊丹巴的故鄉那一鍋熱氣騰騰的沙鍋菜；扎什倫布寺的小喇嘛因為知道我沒有吃午飯遞過來的盒飯；青普修行聖地的老阿媽和僧人為我特意傾倒的甘露法水；在桑耶寺外邊的飯館和新結識的藏族朋友共同喝的拉薩啤酒……我想這些飲食也許已經算不上正宗的西藏飲食，可是同樣充滿了神奇的力量，執著地占據我的回憶，一如深山裡寂寞的蘭花散發持久誘人的香氣，抑或如雪後初晴雪原上幾縷縹緲而清晰的炊煙。

53. 大紅燈籠照耀下的晉商菜

張藝謀的一部《大紅燈籠高高掛》火了喬家大院，可是卻貶低了晉商文化。

在這部電影裡，大紅燈籠成了主人即將寵幸哪房妻妾的信號，這就讓很多觀眾誤認為喬家既然富可敵國，那麼也一定是妻妾成群了。其實，《大紅燈籠高高掛》講的不是喬家的事情，喬家也不可能發生這種事情。喬家的家規裡有一條是很明確的——「不許納妾」，在喬家的歷史上，只有一位子孫因為正室不能生育，故而在家族同意之後納了一位小妾，但是隨之也就搬出了喬家大院，另行租院居住。那麼喬家有沒有掛紅燈籠的時候呢？有，每當紅燈高懸，大家就知道喬家名下又有一家票號的分號開張了，而這時，通常喬家人也一改往日用餐的儉樸作風，而是樂呵呵地品嚐「八碗八碟」。

很多人看到晉商宅第的輝煌，例如喬家大院、王家大院、曹家三多堂等等，會認為晉商肯定每天都是山珍海味，其實並不是這樣。晉商的住宅都是高門大院，甚至是城堡式，是為著保護資產的。喬家人作為晉商的代表，從他們的日常飲食來看，都是很簡單質樸的山西菜。山西菜品的傳統特點，是以麵食為主，喬家也不例外。諸如擦麵、撥麵、貓耳朵、饸饹、刀削麵、撥魚、揪片、燴鍋麵等等都是製作方法簡單、用時很少的麵食，經過澆不同的滷汁調和，味道濃厚，便於生意忙碌時食用。吃麵食也有講究，所謂「原湯化原食」，吃完後一定要喝麵湯，以保養腸胃。從營養角度來說也是符合了山西內陸食物鹽鹼量大，多喝水湯保持身體吸收平衡的原則。又因為多數晉商原始資本積累時到過內蒙古進行貿易，所以一些兼容了內蒙古和山西飲食特色的食物也深受晉商喜愛，例如莜麵栲栳栳就是深受喬家人喜愛的一種麵食品。是用上好的莜麥麵粉和好，用右手大拇指將一小塊在左手掌上一搓，自然成為一個空心的圓柱，一個個排好在蒸籠裡蒸熟，吃的時候用羊肉湯煮馬鈴薯丁澆汁。莜麵栲栳栳不僅香氣濃郁，而且莜麵所含蛋白質為五穀之首，莜麵的營養成分是其他麵粉的七倍以上，可以治療和預防糖尿病、冠心病、動脈硬化、高血壓等多種疾病，是一種就地取材的營養保健食品。

當大紅燈籠亮起來的時候，喬家人就可以吃到「八碗八碟」了。這其中的八碗主要是熱菜，包括——喇嘛肉、葷燉、燒肉、甜粥、紅燒肘子、蜜閣、羊肉胡蘿蔔、丸子；八碟主要是冷盤，是指——燜乾肉、雞絲、瓊菜、什錦絲、龍爪菜、爆醃蛋、排骨、燻肉。喇嘛肉是類似於酥肉的肉菜，葷燉是走油的燉菜，燒肉和肘子都是醬油燒製的肉菜，蜜閣是一種甜食，什錦絲就是蔬菜絲醃豆腐等拌和在一起，龍爪菜就是石花菜，爆醃蛋就是煮熟的醃雞蛋。

從這些食品上來看仍然是很簡樸的。但是，這些菜卻不失營養價值，而且搭配合理。不僅蔬菜品種在當時的山西已算豐富，還選用了很多內陸較少的海產植物，而且冷熱合理、葷素適宜。尤其是燜乾肉，選用五花豬肉浸醬油切薄片，與上好熏乾逐一排列，一起蒸熟，再切條，加調味拌勻，肉有香干味，滋味獨特，香干吸收了油脂，滑潤適口，整盤菜爽而不膩，風味獨特，而且營養結構很合理。

這些菜整體上叫「八碗八碟」，但是視食用時間和目的不同可以調整。

比如在夏天，羊肉燒胡蘿蔔可以改為拔絲山藥，肘子也有水晶肘子等不同製法。而如果為了招待親戚或者客人，「八碗八碟」的用料也會有不同的檔次。

比如會增加海參、魷魚、魚肚、髮菜等，可是仍然湊夠八碗八碟之數。為什麼不用七或者九？首先是為了強調陰陽相配，同時七和氣同音，不吉利；而九是至陽之數，晉商認為太過圓滿反而不好，月滿則虧，所以也不用九。如果接待特別重要的客人，例如清政府的高級官員或者家族中的紅白之事，除了「八碗八碟」之外，還要上三臺。所謂三臺，就是除了「八碗八碟」外，又有點心、水果、三炒三燴，一共 124 種食品。這 124 種食品分為三臺，分別由雞、鴨、仔豬各統帥一臺，故稱三臺。普通宴席吃三臺，遇有更重要人物光臨則還要吃「官席」。官席與三臺一樣，數量也是 124 件，但質量檔次更高，而且主要區別是在碟盤擺放方面要有吉祥花樣，並且要符合坐席者的身分。如新郎新娘坐的桌子，124 件菜餚要擺成「龍鳳呈祥」四字樣；男方迎娶新娘的吃客桌子，124 個菜餚要擺成「一品當朝」字樣；女方陪女送嫁

的送客坐的桌子，124 件菜餚要擺成「得勝回朝」字樣；宴請女婿的桌子，124 件菜餚要擺成「狀元及第」的字樣。

除了喬家之外，其他大的晉商也有很多愛吃的小吃，從而使得這些小吃得以揚名山西。例如太谷餅，因為太谷的曹家東家喜歡吃餅類，因此太谷的制餅水平就非同一般。太谷餅很易保存，保存期甚至可長達半年。太谷餅其實就是麵粉加了白糖和雞蛋和成麵餅，表面拍好白芝麻，再用爐子烤制而成，食之乾酥甜香。而蕎麵灌腸也是深受人們喜愛的一種小吃。是用蕎麵糊在小碟內上籠蒸制而成，蒸好後切成段，用山西產的乾辣椒、蔥絲、豆芽等爆炒後澆醋蒜汁食用。

一座喬家大院，濃縮了晉商一段輝煌的歷史；一套「八碗八碟」，成就了一段鮮為人知的飲食文化。今人食今粟，也應扼腕感嘆：晉商晉菜，何時重現輝煌？

54. 香味裡的新疆

新疆，在我的心裡，也許是縈繞在香妃飄飛的裙裾間的一縷香魂；也許是都塔爾彈奏出的輕柔活潑、充滿異域風情的音樂；也許是輝煌如另一個敦煌的克孜爾千佛洞裡神佛神祕慈悲的微笑；也許是蹤跡難覓然而不能從歷史中抹去的龜茲樂舞；也許是和著《十二木卡姆》起舞的美麗少女烏黑的髮辮；也許是坐在葡萄架下戴著小花帽的白鬍子老人；但是，新疆更是那民族美食的香氣結成的樂土。

新疆的美食數不勝數，然而，大多數人，都會津津樂道的是饢、大盤雞、手抓飯和饢包肉。饢是新疆最知名的食品，當然花樣也就最多，但主體是白麵或者玉米麵粉烤制的麵餅，現在嘛基本上是白麵的了。饢是圓形的，最大的叫「艾曼克饢」，需要一公斤麵粉，直徑四五十釐米；最小的叫「托卡西饢」，普通茶杯口大小，厚度為一釐米，做工最精細；最厚的饢叫「吉爾德饢」，厚達五六釐米，直徑十多釐米，中間有小窩洞，漢族人叫「窩窩饢」。饢大多用發麵烤制，和麵時要加少量的鹽，但是我也吃過一種很薄的饢，可能就是半發麵的了。把饢添加上羊油就成為油饢；用羊肉丁、孜然、胡椒粉、洋蔥末等料拌餡烤制的就是肉饢；還可以把饢上加上雞蛋；也可以做成用牛奶和麵、表面塗了冰糖水的甜饢；當年唐玄奘大師西去取經，路上就準備了很多饢，作為僧人，他準備的是用芝麻和葡萄汁拌和烤制的芝麻素饢。

饢在新疆的氣候條件下，可以保存幾個月仍然新鮮如初。雖然是很普通的食品，可是饢卻在玄奘取經之路和古老的絲綢古道上散發著無可替代的香氣。和內地的燒餅最大的不同之處，我想就在於烤制饢需要饢坑。以前，新疆基本家家戶戶都有饢坑，烤饢也是新疆男人的基本技能之一。饢坑一般高約一米，坑坯是用羊毛和入黏土或硝土做成。饢坑周圍用土塊壘成方形土臺。

烤饢時要先用碳火把饢坑燒熱，然後再把擀好的麵坯貼在坑壁上，幾分鐘就烤熟了。用饢坑烤出來的饢，水分含量很少，麵餅特別的香酥可口，當然也就很耐儲存。這流傳了兩千多年的食品，自然魅力無窮，我在大理的新

城下關鎮，就看到了一家專門賣饢的鋪子，於是隔三差五的去買幾個解饞。可惜他們不賣饢坑烤肉，我倒是用新疆味普通話和他們很是遊說了一段時間。

有了饢，才有饢包肉。不過千萬不要望文生義，很多人以為饢包肉就是「夾肉饃」，饢包肉不是包著肉的饢，而是以饢作底的羊肉澆餅。將饢（一般要厚一點，兩釐米左右的）切成扇形的幾小瓣，放入深底大盤中，把燒好的羊肉放在饢上，炒鍋裡留少許羊肉原汁加入孜然粉和辣椒、胡椒粉、洋蔥絲，燒沸後用濕澱粉勾薄芡，再淋入辣椒油，澆在羊肉的表面，略讓饢浸泡一會，就可以吃了。饢包肉是很方便的食品，主副結合，饢吸飽了羊肉湯的濃香，配上洋蔥的甘甜、胡椒的辛香，方便而不簡慢，很適合現代的生活節奏。

新疆的很多美食都是肉飯結合，除了饢包肉，大盤雞和手抓飯也是。現在的雞肉已經很不香了，曹操原來夾著雞肋說的話——「食之無味，棄之可惜」，現在可以適用於整隻雞。因為農產品嘛，要的就是時間積澱出精華，可是現在的農產品基本上都變成工業品了，上了「速成班」的雞肉當然就沒什麼香味了。但是，大盤雞可以「化腐雞為神奇」。把雞洗淨斬成小塊，先用油炸，加花椒、乾辣椒提香，油要多放一些，雞被油浸透了，香氣才濃。然後加上鹽、糖、醬油著色，加水和料酒燒煮，當然改良的方法是可以用啤酒代替水，就不用放料酒了。這樣做出來的雞肉會更酥鬆。燒雞肉的時候，要加上馬鈴薯塊，然後就要另外準備煮麵條。這麵條有個形象名字叫「皮帶麵」，就像陝西的「邊邊面」，兩三釐米寬，薄而韌，煮好了放在盤子裡。等到這邊廂馬鈴薯塊綿軟、雞肉熟爛，再把洋蔥絲和青椒絲下鍋略煮一下，然後出鍋澆在麵條上就成了。

做好的大盤雞，絕對是食品裡的「和諧社會」，馬鈴薯、雞肉、麵條不分彼此，都是那麼鮮香，我自己最愛吃馬鈴薯，我的幾個朋友都喜歡吃麵條，都說和北方農家的濃湯紅燒排骨燉卷子有異曲同工之妙，雞肉倒還是真吃得少些。剩下的雞肉每次我還能弄碗雞肉麵條湯當下一頓兒。

手抓飯可是永遠都剩不下，片甲無存。一定要選綿羊肉，新疆當地喜歡用好的羊排肉，也不要特別瘦，帶點羊油更好。羊肉洗淨剁成小塊用油炸透，

然後下入洋蔥丁、黃蘿蔔絲和胡蘿蔔絲一起炒。加入鹽和足夠的水，下入稻米一起煮。這稻米一定要用溫水事先泡過四十分鐘以上，否則做手抓飯容易夾生。做好的手抓飯，油潤香濃，羊肉肥嫩，飯粒香滑，蘿蔔絲基本上有與之同化的感覺，洗乾淨手就可以吃了。當然，現在你用勺子也沒有人笑你了。

我問新疆的維族朋友：「你們怎麼也改用勺子了？」他笑嘻嘻地說：「勺子不怕燙。」多好的一個理由。就像手抓飯現在不一定要用手抓了一樣，有的抓飯也不放肉，而選用葡萄乾、杏乾、桃皮等乾果來做，稱之甜抓飯或素抓飯，同樣美味可口。在每個月初一、十五的時候，我就可以吃這樣的素食抓飯。

天山的風起了，吹遠了西域的塵沙，模糊了龜茲歌伎的笑顏，寥落了一地絲路花雨，散亂了一片沙漠駝鈴。可是，新疆人的好客沒有變，烤饢、大盤雞、手抓飯、饢包肉的香氣沒有散。不過，還是提一句——洋蔥在新疆被叫做「皮芽子」，多麼形象和親暱的稱呼。

55. 中國菜裡的勐巴拉納西

在傣族人的心目中，「勐巴拉納西」是一個神奇美麗的地方。在那裡，人們生活富足，綠孔雀在天空飛過，飄灑下七彩的羽毛；大白像在森林裡漫步，處處留下吉祥的腳印。人們用清如琉璃的淨水沐浴，天上的雲彩都是整匹的綢緞，處處充滿歡歌笑語，人人收穫純潔美好的愛情。如果說勐巴拉納西是傣家人心中的極樂淨土，那麼，神祕多姿的傣家菜就是中國菜裡的勐巴拉納西。

還在北京的時候，我就經常去吃傣家菜。北京的傣家菜館也很多，而紅三剁、酸筍牛肉、香茅草烤魚和鳳梨飯不僅是我每次的保留菜點，也為很多北京人所熟悉。等真正到了雲南，才發現原來傣家菜的精華還是要到傣家人的村寨裡去找，還是要到撒撇、薩達魯、烤豬皮和手撕春乾巴裡去找。

真正的撒撇不容易吃到。通常都是村寨裡的貴客到了，好客的傣家人殺了牛才能做這道菜。

撒撇用的主料是牛腸子裡的苦腸汁，也就是牛吃了百草以後消化在腸子裡還沒有來得及吸收的百草精華。把這黑色的苦腸汁用傣家特有的香料香柳、野茴香等拌好再加上一些青檸檬汁，蘸水就做好了。

另外切一些精黃牛肉，做成肉泥，配上黃牛肚和牛脾臟，放在煮好的涼米線上。吃的時候用肉和米線蘸了腸汁一起食用，也可以把腸汁倒進去拌和食用。牛撒撇不僅味道獨特，清香苦爽，而且還可以清熱解毒。其實我們在傣地說「撒撇」一般都是指牛撒撇，傣家人也吃生魚做的魚撒撇，但是通常都叫做「把撒」。

薩達魯是我很愛吃的另外一種生食。是用生豬肉做的，做法是用豬的脊肉剁成泥，加上傣族特有的香料還有熬好的醃菜酸水做成蘸水，可是吃的不再是米線，而是小塊的燒豬皮、切成絲的生木瓜、蓮花白菜、青筍和胡蘿蔔等，味道酸甜清脆，口感極佳，而且清涼解火。而傣家烤豬皮每次我一個人都能吃掉一大盤。那豬皮切成小塊，上面剞了麥穗花刀，用柴火烤得油潤喜

133

人，又撒了紅紅的辣子麵，夾起來顫顫巍巍的，彷彿剛剛出水新鮮的海參。最特別的是醬料，紅濃稠滑，酸裡透著鮮甜，油滑裡閃著芬芳，裡面拌了老醃菜膏，抑或還有野蜂蜜，那個香味就別提了。

收官的是手撕春乾巴。在西雙版納的原始密林裡，生活著悠閒的黃牛，記得一位哲人說過：「過分的悠閒等於死亡」，這句話在牛身上同樣適用。待到黃牛長到膘肥體壯，就只有「引頸受戮」的份了。而美麗婀娜的傣家女子，就會把牛肉精心的烹製，在木炭火上烤得乾硬，然後加上各種香料和青檸檬汁用小槌搗的酥鬆，再撕成一條條的，撒上干辣子麵，巧笑倩兮地端到客人面前。每次我都唯恐卻之不恭，立刻大快朵頤，結果往往是我腮幫子累得痠疼，口裡渴得冒煙，然後發現美女們笑呵呵地又端來一盤。對付春乾巴，在德宏、騰衝一帶，我有祕密武器「泡露達」。傣家大姐麻利地往碗裡放些蜂蜜，然後倒入涼牛奶，又拿過剖開的椰子殼，用小絲刮刮下很多白的椰肉絲，最後再倒入一些蜜餞和煮好的西米露，撒進掰成小塊的烤麵包，正適合解渴和補充營養，還有美白肌膚的作用。可能因為我太喜歡吃這種甜食了，騰衝的朋友給我起的外號就叫「泡露達」，倒真是把我氣的又白又胖。

如果說雲南蘊涵了世界一半的神祕──既有藏族的香格里拉，又有納西族的東巴眾神，還有傣家的勐巴拉納西。那麼，為什麼不吃吃傣家菜呢？也許你在裡面會發現真實的神奇世界。

56. 周莊的滋味

去過周莊幾次，都是從上海過去。我不是一個特別喜歡繁華的人，太過濃厚的紙醉金迷令我害怕，因為表面的五光十色之後，往往有「賣了你還幫別人數錢」的陷阱。偏偏上海總是有朋友，於是看朋友就不得不去上海，可是往往住不了幾日，便要逃到一個安靜的地方去。

周莊大概是離上海最近的世外桃源了。第一次去沒有經驗，由著自己的性子，早上懶懶的起來，朋友已經上班去了，自己吃了生煎和菜飯糰，再去坐車，到了周莊一看，嗬，那叫一個人多，大概全中國有一半人都擠在那裡了。

連門也沒進，扭頭買票上車回上海。

後面幾次，除了時間特別緊張外，我都是下午才坐車到周莊去，去了也不遊覽，直接先找景區裡的客棧住下，晚上和客棧主人聊天倒成為頭等大事。

這樣的安排，第二天便能起個大早，通常都是天剛放亮，我便一個人漫步於周莊的小街之中，那個時候沒有人打擾你，看著早起的阿婆有的洗臉、做早飯，有的在刷馬桶，我會覺得這就是生活，這就是我心裡的周莊了。

唯一我不討厭的「客人」是雨。最後一次去周莊，早上便下了小雨。周莊的小雨不需要撐傘，我知道，它只是想和我玩了。我就陪著它，不經意的四處走走，這個時候是沒有客人的，我心裡想，真好，整個周莊都是我的了。

走過貞豐橋，看著橋下流過了八百年歲月的流水，聽著遠處不知哪個閒散的漁家漫不經心的小調，似乎還有咿呀的搖櫓聲，我的心裡最常湧出的四個字就是「今夕何夕」。

看著遠處修竹掩映，信步走去，一處依河的石頭小樓，重脊高檐，臨河照影，庭柯蒼然，紫藤寥落。一時意興勃發，好所在，就在這裡午餐吧。

一個人吃飯，菜也簡單，一份萬三蹄，一盤鹽水青蠶豆。萬三蹄大有名氣了，可是這個店家不管那麼多，上來是用粗白瓷大碗裝著的那麼一個小蹄髈卻反而襯得那蹄紅潤喜人。我倒是對店家另眼相看——紅塵中多的是錦上

添花，堆砌出浮華做作與俗不可耐，能淡然之處顯真性的人都是可遇不可求的啊。蹄燒燉得極爛，骨頭可輕輕抽出，隨手划去，皮肉分離，倒真是顯得我有幾分像武林高手。我又懷疑這蹄還蒸過，不少一分肉香，卻不油膩。店裡客人不多，店家也自從廚房裡端出菜來臨窗小酌，從我身邊一過，風中好濃「真氣」。原來他也是深藏不露的武林高手！我不由出掌、斷喝，把他手中的一盤小菜拿了過來。

店家倒是波瀾不驚：「自己吃的小菜，不值錢的，招待不了客人，你喜歡就送你了。」原來是盤韭菜炒蜆子。水鄉周莊，珍饈水產四時不絕，其中最有名的是「蜆江三珍」：鱸魚、白蜆子、銀魚。而當地人總認為蜆子體小肉少，太過粗鄙，不能待客，倒真是埋沒了這一道美味。

從河裡撈回的蜆子也是要養個一兩日的，這樣才能吐淨泥腥，洗淨煮沸後，撈起蜆子，一隻只蜆子都張開了嘴，露出雪白嫩鮮的蜆肉，用手只輕輕一抹，就下來了。煮蜆子的湯，極白，極濃，只需放幾片綠蔬——我自己最喜歡的是嫩的雞毛菜，茸茸的，翠生生又有清氣，配蜆子最好。然而也可以清炒，不要放太多油，一定要用南方的小蔥，如果用北方的大蔥反而奪了蜆子的鮮味，肉也不那麼嫩。

菜飽飯足，且自歸去。抬頭回望，店家坐在窗前，擺了剛炒好的菜，手中酒杯一舉，示意客官好走。剛剛餐畢，精神一足，膽子更大，只照那冷僻生巷鑽去。走了兩個小時，腿剛泛酸，卻見前面石亭可便歇腳。

亭中已有一老奶奶，面前放一竹背筐，上層用白布仔細鋪就，排幾排白光光、乾爽爽襪底酥餅。就要一塊鹹的來，入口鬆脆，椒香爽口。蓋此餅形如腰子，恰如舊時襪底一般，故名「襪底酥」。老奶奶一口吳儂軟語，「瓦提蘇」娓娓道來，真個是江南好時光、吳語輕傳。

天色漸暗，卻尋來時舊路回去。遍尋不著，忽聞花香。一小姑娘正賣一籃梔子，瑩白香濃。買花問路，才起腳，不知誰家古琴聲起，低回縈繞，清音裊裊。將花插在衣襟，口裡高歌「停雲靄靄，時雨濛濛……」，一路擊節而去。

57. 它們讓我想起長安

西安是我喜歡的一座城池。

之所以叫做城池，而不是城市，是因為這個繁華的省府，畢竟還保留了厚重的城牆和同樣厚重的歷史。

站在鐘樓上，遙望車流如潮的中央大街，我有的時候會產生一種感覺上的錯亂——也許，長孫皇后、徐充容、武昭儀、太平公主……她們的儀仗正從下面緩緩經過。

西安的很多東西都是「仿」的——仿唐樂舞、仿唐宴、仿唐三彩、仿兵馬俑……只有西安的小吃，拖曳著歷史的綢衣，帶著千年的香氣，讓我在仰望大唐華貴的威嚴之餘，可以從這平民的食物裡感受市井溫暖的氣息。

道地的西安小吃，我最喜歡的是羊肉泡饃、賈三包子和黃桂柿子餅。我是如此的懷念羊肉泡饃，它讓食客能夠產生創造美味的參與樂趣，要知道，你掰的饃的大小、形狀都有可能影響到最終的味道。第一次吃羊肉泡饃我比較貪心，饃掰的塊很大，然後眼巴巴地等著澆湯，湯也不要多，剛剛夠饃吸收就好，當地人稱之為「干泡」者是也；後來吃得多了，才曉得饃要入味，必須細細掰了如蒼蠅頭般大的小塊，叫做「蜜蜂 X」（X，音 sha，陝西方言），湯也要寬些好，要知道，好滋味都在湯裡。是了，貪心的人，往往品不到最好的味道。後來在北京工作，發現老字號「老孫家」羊肉泡饃館居然在北京也有分店，迫不及待的去吃，卻發現找不到最為貼心的那種味道，也許，雖然同為古都，長安與燕京卻有著本質的不同，連帶食物的味道也起了變化。

另外一個在別處不可得的是賈三包子。嚴格地說，是賈三牛肉湯包。我的印象裡，北方的包子很少有帶湯的，倒是江南的多些。賈三的牛肉湯包是個例外，外皮油白且薄，像軟緞子的燈籠罩，端上來一放，顫顫巍巍的，如唐宮舞伎欲起舞翻飛的白綃。裡面是蘊滿令人驚奇的鮮美肉湯，而牛肉餡如同一個小丸子，漂浮在肉湯裡，真有幾分蓬萊仙山東海浮的味道了。

以前不會吃的時候，吃完包子，小碗裡的蘸料越來越多，便被當地的朋友笑話。後來才知吃賈三包子要先開一個小口，慢慢吹涼了，一下子連湯帶皮吃進，那種混合的鮮美才瞬間充盈了口腔，這才知曉了賈三湯包的妙處。

以上兩種都是鹹的，還有一樣甜的，是黃桂柿子餅。柿子本無啥稀奇，可是黃桂柿子餅便是要用臨潼的火晶柿子才對味，只用柿子果肉榨汁和麵作皮，不加額外的水，再用糖、桂花、青紅絲等等做了香甜的餡，包成扁圓的小餅用油在鏊子上煎成兩面金紅，不僅帶著富貴大氣的風骨，而且深藏著桂花柔美的情思。

我懷念這些小吃，因為它們不僅充實過羈旅過客的胃，也溫暖過他鄉遊子漂泊的心，這些鄉土美食發出的光芒一如法門寺佛舍利的聖光，大雁塔玄奘譯經的燈光，華清池海棠湯內的藍田玉的柔光，讓我時常懷念大唐古都，一個叫做長安的地方。

四面佛的恩賜在泰國，四面佛廣受尊崇。因為四面佛也叫做「有求必應佛」，面對東南西北四個方向各有一尊佛面，所以稱「四面佛」。四面佛原名「大梵天王」，實為印度婆羅門教的三大神之一。在傳說中，他不是佛，而是天地之神、眾生之父，他法力無邊，掌握人間榮華富貴。大梵天王有四面、八耳、八臂、八手。四面佛的四面分別代表慈（仁愛）、悲（悲憫）、喜（吉祥）、舍（施惠），因此進香時要按順時針方向四個面都要敬到，否則不靈驗。而且據說，四面佛喜愛鮮花和歌舞，所以佛像四周滿是花串、花環、花束。

也許，正是因為四面佛的法力無邊和對鮮花的喜愛，不僅賜給了泰國頭戴鮮花的美麗少女，也有如鮮花般香氣迷人、色彩鮮豔的泰國菜。

其實在食物方面，我基本上算得上是個民族主義者。哪怕外國奉為經典的法餐，在飲食哲學上和中國相比，實在是如粒沙比之恆河。在上海外灘細細地品味赫赫有名的黑松露，感覺上實在是不如雲南山裡老阿媽家藏的雞油香滑美。

但是，我偏愛泰國菜。除了泰國菜酸酸辣辣的味型甚合我的口味之外，還因為泰國菜是更多天然氣息的匯聚，有著強烈而不張揚的香氣。我喜歡的

也是最常吃的泰國菜恰巧是一頓豐富的餐食組合——頭菜的 SOMTAM，主菜的綠咖哩椰汁蝦配香米飯，再來一個冬陰功湯。這些食物裡無一例外地充滿了天然的香料——青檸檬、魚露、碎米辣、香茅、薄荷、香葉、椰汁⋯⋯真是說也說不完。

如果說運用這些香料到飲食裡是四面佛賜予的智慧，那麼這些香料本身可以說真正是大自然對泰國的眷顧。

泰國的小青檸檬，酸而澀，但卻把精華集中在香氣上而毫無保留的散發出來；魚露是小魚小蝦發酵生成的汁液，凝聚了萬千奇妙的鮮味變化；香茅、香葉，都是神奇的香草，帶有傳染般的魔力讓食物充滿了鮮活的滋味；薄荷是調皮的精靈，在湯汁裡仍留下了活潑的感覺和依然翠濃的身影。

還是說說這幾道菜吧。SOMTAM，就是青木瓜沙拉。細細的青木瓜絲，配上小蝦、魚醬、辣椒，還有青檸檬，爽脆酸辣，讓口腔裡的細胞全部激動起來，全力感受著清新的滋味。綠咖哩椰汁蝦讓人驚喜。咖哩本身就是一個組合的奇蹟，發明這種復合調料的人真是一個天才。何況還有綠咖哩，是咖哩裡最不服管教的一種，濃郁的辣，偏偏又兌進了椰汁，本來就不常見的組合，卻又十分登對，果真百分出彩，讓這道菜有了更為豐富的口感，香、辣、甜、鮮有次第地層層展開，配了鮮嫩的大蝦、紅蝦、青汁、至葉，我每次吃得都是欲罷不能。最香的還是菜汁，千萬不要浪費，從銀罐子裡舀出噴香的泰國香米飯，用菜汁一拌，哎呀，春天陽光的滋味都在肚子裡了。

冬陰功可以稱得上是泰國的「國湯」了吧？肥嫩的大蝦，拿了番茄、草菇一起煮了，又加上魚露、椰汁、香葉、薄荷，還有小辣子，所有的香料都在一起了，可是一點也不衝突，反而成為了最為鮮香的美味，酸辣香爽中還帶一點回甜，喝完了身上會略略的出汗，胃裡也是暖烘烘的，好像角角落落都被熨燙得服服帖帖、舒舒服服的。

泰國，這陽光照耀的國度裡，有金光燦燦的佛塔，聖潔威武的白象，仿若凝脂的玉佛，還有香氣撲鼻的泰國菜，哪一樣不是四面佛的恩賜呢？

58. 山西菜，把我問倒了

雲南的一位朋友，出差到山西去，問我山西尤其是太原有什麼好菜。我在山西長大，大學又十分喜歡明清商業史，暑假時全家經常去五臺山避暑，故而山西境內有影響的地區我去過不少，說到山西菜我也是侃侃而談：山西菜注重火功，風味特點可以概括為「味重香鹹、喜食酸醋、油厚色重、軟嫩酥爛」。尤其是糖醋菜是一絕，因要用山西特有的老陳醋烹製，味鮮醇正，醋香悠長。山西菜由太原菜、晉南菜、晉北菜和上黨菜四路地方風味組成，而以太原菜為主要代表。太原菜包括了祁縣、太谷、壽陽、榆次等地的風味，吸收京、魯、豫、滬、川等南北各地菜餚烹調之長，兼收並蓄，很有特點。

朋友兩眼放光地搶著問：「那都有什麼好吃的啊？」我一思索：「有很多啊，比如羊雜割、頭腦」，朋友接過去：「不要小吃，來點大菜」；我說：「那有麵宴，山西麵食甲天下……」「你能不能說點菜啊？我不愛吃麵。」朋友開始不滿了。「山西菜，大菜有……」我腦袋轉了七八圈，看著朋友說：「山西菜有什麼呢？」

蕎麵灌腸、太谷餅上不了臺面；糖醋四喜丸子也忒小家子氣了；八碗八碟一般都是喬家人才會弄；認一力的餃子、雙合成的糕餅、老鼠窟的元宵也不能當成正式的宴請啊。那山西菜有什麼呢？

晚上次到家裡，我看著老爸老媽很認真地問：「山西菜有什麼啊？」從吃晚飯到晚上睡覺一共六個小時，老兩口一會蹦出一個菜來，我在旁邊否定一個：羊雜割，我說過了；大燴菜，有點粗糙；撥魚魚、拷栳栳、擦蝌蚪，不行不行，都是麵食……第二天一早，我還在迷迷糊糊刷牙呢，我媽過來很興奮地說「過油肉啊」，嚇得我差點沒把漱口水噴出去。

別說，這一嚇，我還真想起一些山西菜來。肉菜裡有過油肉、北芪羊肉湯，水產裡有糖醋鯉魚，禽類裡有香酥鴨子，菜蔬裡有燒猴頭。

過油肉是山西菜裡最常見的，可是做得好的過油肉就像做得好的回鍋肉，無論身分貴賤，百吃不厭。過油肉做法簡單，先將瘦豬肉切小薄片，碼味；

然後加雞蛋和少許濕澱粉，抓勻上漿；炒鍋加油，燒至六成熱，下入漿好的肉片，劃散炒成金黃色時撈出。接著用剩下的油炒配料，配料主要是木耳和玉蘭片，用蔥、蒜片、薑末熗鍋，放入已經過了油的肉片和玉蘭片、木耳一起煸炒，加醬油、醋、鹽和料酒，水澱粉勾薄芡收汁即可。別看過油肉簡單，要想做好了其實不容易，裡面有幾個關鍵：一是要保證碼味時間足夠。通常把肉片加黃醬、花椒水、醬油拌勻醃漬八小時，中間還要翻拌幾次，保證入味均勻，而且最好用手輕柔翻拌，用筷子就容易壓迫肉片失水變老。二是一定要注意油溫。做過油肉，火候至為重要。油溫若高了，肉片黏連，外焦內生；油溫低了又易脫糊，肉片不夠滑嫩。只有良好的火功才能保證肉片平整舒展、光滑俐落、不幹不硬、色澤金黃。三是一定要熟練掌握點醋的技巧。過油肉不以酸香見長，但是一定要借醋來除腥增香，醋要點的適時、適度、適量，操作時要掌握好時機。可惜，現在的餐館誰還能真的做到「以味為先」？斷斷不肯下功夫碼味的，反正各式調料來湊數就行了；另一方面，現在的廚師都是「速成班」出身，哪個肯真正的練好基本功？所以好的過油肉絕對是中國菜裡的大熊貓，非尋覓一些國寶級的烹飪大師而不可得了。

北芪羊肉湯我就更是懷念了，因為大理地區不怎麼吃羊肉，我已經很久沒吃過羊肉了。北芪絕對是山西的特產，而且要選「正北芪」，就是北嶽恆山之上所產的野生黃耆，也不用怎麼整治，切片即可。和精選的羊肉塊文火慢燉，火候足時自然綿爛酥軟，濃香爽口，鮮美異常，而且絕對的大益身心。

山西雖然是內陸乾旱省份，可是也有一段黃河故道。山西的黃河鯉魚和別處不同，倒不追求什麼四鰓，而是一定要紫尾金鱗，否則必不是山西河鯉，而且也不拘非要用一斤左右的小魚，四五斤的大魚整治得當照樣味美鮮香。

別忘了，山西最著名的老陳醋是做魚的絕佳上品。雖然山西人也喜蔥油燒鯉魚，但是我更喜歡的也認為更有山西特色的還是糖醋鯉魚。做法也簡單，將黃河鯉洗淨，兩側剖月牙花刀，用醬油、紹酒塗抹入味，掛蛋清糊，入油鍋炸成金黃色，撈出澆糖醋汁即成。做好的糖醋鯉魚色鮮味美，酸香撲鼻，外焦裡嫩，肉嫩無腥。

山西的水裡還有鴨子，倒不像北京烤鴨那般肥碩，所以做法也不相同。

山西香酥鴨，重在一個「酥」字，要先醃、後蒸、再炸，醃鴨料裡也要按照比例配放多種中藥性的香料：砂仁、荳蔻、良薑、陳皮、肉桂、大料、茴香、防風、白芷、甘草、檳榔、花椒、草果、厚樸、丁香等等，不僅做好的鴨子香氣撲鼻，而且還有補益中氣的效果。

菜蔬嘛山西倒是真的少，品種也不多，否則就不會有享譽文壇的「山藥蛋派」了。可是山西有座五臺山，是最大的佛教道場，地位也最高，五座山臺時有靈瀑飛雪，松煙香草，倒真是哺育出品質絕佳的好臺蘑。我最喜歡葉鬥峰出產的臺蘑，往往得自雪松之上，味道妙不可言。這是山西比較有名的特產，其實山西還有另外一種菌類是絕對可以和臺蘑媲美的，就是產自垣曲的猴頭菌。舊時山西的富商大賈、封王大官常用好的醬油細細的把猴頭蒸燜軟爛，自然香味濃郁。

雖然最後用這些山西菜把我這「美食家」的臉面充起來了，可是倒真是累得夠嗆。我在想：什麼時候山西菜可以彰顯自己的特點，揚眉吐氣，再不用我等這般冥思苦想、掘地三尺般地苦苦尋覓呢？

59. 蜀中三魚

美麗富饒的成都平原南部，古屬眉州，今日眉山，下轄彭山、新津、雅安等諸縣。這三個地方我記得清楚，因為彭山盛產我很愛吃的枇杷；新津有肥美的黃辣丁；雅安特產雅魚。眉山市內倒沒什麼特別有名的特產，可是它養育了蘇東坡。

眉山市內的三蘇祠，是蘇門三父子的故宅。中國紀念性的建築，基本上是先賢一人獨享的，而像三蘇祠這樣同時紀念三位的還很少見。沒辦法，這蘇家一門三學士、父子兄弟是分不開的。眉山的先賢除了文聲甚高之外，還多長壽。彭山據說得名於彭祖，這老人家一口氣活了 800 多歲，應該是肉身長壽第一人。不論聰明還是長壽，按現在科學研究，多吃魚都是絕對的重要原因之一。

蜀中多山川，古代，蜀道因山難，且不說它；而水本也時常泛濫，自從有了樂山大佛，不但水患平息，還益發灌溉的成都平原肥沃豐美。而樂山的岷江和青衣江裡，出產中國最好的江團。

江團魚表面無鱗，顏色上白下灰，頭大有須，身肥肉厚，眼睛晶瑩如珠。

我總覺得江團是個有點仙氣的東西，不喜歡見陽光，整天待在十幾米深的江底，和暗流搏鬥，餓了就吃點青苔，簡直是魚類中的隱者。馮玉祥愛吃的是清蒸江團，就是把江團和火腿片同時蒸了，重在滋味融合，湯鮮味美，而馮將軍吃過之後還是說了一句話的：「四川江團，果然名不虛傳。」我想起來，後來有位偉人在長沙吃了臭豆腐，也說了類似的話：「火宮殿的臭豆腐，還真是好吃。」既然大人物們如此，我等也要吃過之後不吝美譽才好。

不過我愛吃的是江團獅子頭。從我個人的口味來說，我比較喜歡淮揚和徽州菜，而淮揚菜裡的獅子頭是一絕。可惜這幾年很少吃到真正形如獅頭、入口酥爛的獅子頭了，常見的整個就是一豬肉大丸子。江團獅子頭是在眉州東坡酒樓第一次吃到。這家酒樓做的是蘇東坡的家鄉風味，但是也不乏推陳出新的菜點。江團獅子頭使用江團肉泥做主料，加些豬肉丁反覆上勁，做好

的丸子雪白瑩潤，而且入口軟爛，味道鮮美。最棒的是江團獅子頭的配色，雪白的獅子頭漂浮在綠色的湯汁中，別小看這個湯汁，是用一定比例的豌豆和青豆蓉加了上好的雞湯做成的。獅子頭上還點綴一小撮橙紅色的蟹粉，而整個獅子頭是放在白瓷的小盅子裡，配了鍍金的架子，下面是跳動的紅藍色的火苗。這道菜的色彩，真的讓人想起青翠的岷山中清澈的江水，以及嬉戲其中的江團，那種美味是口感上的，更是心靈上的。

除了江團，雅魚也是赫赫有名的，是雅安「三絕」——雅魚、雅雨、雅女之首。雅魚裂腹紅尾，形似鯉而鱗如鱒，和江團一樣，性喜高潔，水質一旦不清澈雅潔，雅魚即或遷或亡，絕不妥協，比江團隱者般如空谷之幽蘭更多一分慘烈。這倒讓我想起春秋時代越王勾踐的王后也叫雅魚，在勾踐那最為後世稱道而斯人其時最為屈辱的臥薪嘗膽的日子裡，雅魚以聰慧賢德和丈夫榮辱與共，面對吳國堅貞不屈、終於犧牲，就是不知道，是不是雅魚的一縷芳魂終於寄託在這魚兒身上？

吃雅魚，一半是為了雅魚身上的寶劍。把雅魚和松茸片一起燉到湯色白如乳，撒點精鹽，就可以吃了。千萬別放蔥花什麼的，那是對雅魚的侮辱。

雅魚的清湯，那份鮮美，好像海外仙山最高處、瑤池水滋潤的那一朵靈芝帶著仙氣一樣在你的舌尖化開，你不想說話，只想安靜地回味那一刻如風逝去的感覺。喝完湯，就可以吃肉了，雅魚的肉細膩如沒有成形的玉石，我想這大概就是古書上說的「飲玉乳而登仙」的玉乳了吧？不過魚頭可不要輕易下嘴，輕輕的剝離魚肉，從頭骨裡小心的摸索，慢慢的一把晶瑩剔透的小寶劍閃著光華呈現你的眼前。這把天堂寶劍，是女媧的神兵，也許這偉大的造物之神，是擔心雅魚而特別賜給它的。所以得到這把小寶劍的人，都會很鄭重地把它包好隨身攜帶，為今後塵世間的跋涉平添了一份安寧與勇氣。

相比江團和雅魚，黃辣丁算是四川比較常見的了。不過據我新津的同事說，新津黃辣丁是最好的，而當地人也把它叫做「黃鴨叫」。這倒是形象得很，黃辣丁體色黃綠，光滑無鱗，據說和兔子性格很像，兔子急了還咬人呢，黃辣丁急了就大叫，而且叫的不好聽，類似於鴨子，嘎嘎嘎的，所以在北方也叫嘎魚。可是我心裡還是有點懷疑的，北方的嘎魚能長到近二十釐米，可

是黃辣丁就很少見到大個的，都是小巧玲瓏，一個人一次吃十條魚沒問題，那麼就算是近親吧。

別看黃辣丁小，可是真正的動物兇猛，它偏愛肉食，所以身體脂肪含量高，肉質就特別的鮮嫩滑潤。當地人當然是愛吃辣的了，通常的做法是泡椒黃辣丁。我卻更喜歡在北京王家渡火鍋店裡，用番茄鍋底涮了吃。番茄鍋底，湯色紅潤，看著就充滿食慾，而裡面又放了川滇特產的一種馬鈴薯，比北方的小很多，可是澱粉含量特別高，所以讓整個番茄湯嘗起來濃厚鮮美。而黃辣丁都是活殺的，一盤子直接倒進去，頑強的黃辣丁還在鍋裡跳動，趕緊蓋了蓋子，等到表皮泛了白，就可以撈出來品嚐了。我都是直接吃的，不蘸什麼小料，為的就是那番茄的甘美和黃辣丁的鮮滑那種不可多得的交相輝映。不過朋友們吃了王家渡火鍋的一種小料，是用五種穀類特製的，那個滋味也非常相配，穀類的沙和魚肉的滑是一種質感上的完美對比，而穀物的清香又不掩蓋黃辣丁的鮮香，反而更有層次，有種芙蓉帶露次第開的感覺。

人們時常緬懷眉州三蘇，我卻總是想起蜀中三魚。吃完了，趕緊去「轉朱閣，低綺戶」，卻見「大江東去」，頓生「十年生死兩茫茫」人生常西水朝東之感。

60. 鮮花盛開在胃裡

中國古代「浪漫教主」、大詩人屈原喜歡香花，追求「扈江離與辟芷兮，紉秋蘭以為佩」，而我卻獨獨羨慕「朝飲木蘭之墜露兮，夕餐秋菊之落英」。

精神上的愛總沒有我們這些小人物吃到肚子裡的愛實在些。

雲南是花的世界，便有了很多像我般的「花花公子」，一朵朵的吃開去。君子食之有節，我也不是什麼花都吃，喜歡的不過那麼幾種，卻也可以開個鮮花的盛宴了。

前菜先上幾塊小小的玫瑰花餅配炒蘭花。都是香氣撲鼻的東西，然而玫瑰花餅的香是嬌俏的小女孩，圍著你調皮歡笑；而炒蘭花，細碎的高妙的香在嘴裡，神祕而且高貴，是那種縈繞不去又描述不出的香氣，讓你充滿了對人生的期待。

在這期待中，湯先到了。是洱海的海菜花湯呢。海菜花在清清的洱海裡，細如麻繩的莖稈藏在水下，水面上便只看見一朵朵潔白的小花，彷彿白玉襯著靈動的水晶。海菜花打撈出海後，用清水洗淨，切了莖稈單獨炒，而花苞和芋頭煮湯，也不用放什麼作料，單只是鹽，臨出鍋時便灑一勺煉熟的菜油，清爽可口，暖暖的，慰藉一顆漂泊無定的心。

主菜我安排了四道，可是胃口開了，無酒不歡，上碗梅花酒。用上好的雲南秈稻釀了純純的酒釀，上鍋燒得熱熱的，再把去年用雪水泡著的白梅花，連水帶花沖進去，有妙玉用隔年雪水泡茶的風雅，卻又比她爽快。第一道主菜是三七花炒肉。三七和人蔘齊名，中醫經常說「人蔘三七」，這三七便是活血消脂降壓的第一珍寶。三七花如一簇簇綠色的小珍珠，微帶苦味，用水焯了，便加上肉片急火炒，入口是清鮮的苦味，慢慢品卻有淡淡的藥香和土豬肉濃郁的味道。第二道菜是茉莉花炒雞蛋。重瓣茉莉香氣沒有單瓣的那麼濃烈，卻肉質肥厚，和雞蛋炒成瑩白微黃的一盤，可愛得讓人不忍下箸。第三道菜就上南瓜花囊煎吧。遍地的南瓜花，完成了授粉以後，雄花不久便要孤獨的凋謝，這時把它們採下來，不要弄破，除去花粉柱，用作料拌了糯米

飯糰，也可以加上少許臘肉丁，包進南瓜花裡，在油鍋裡細細的煎了，滿是田野裡微潤的油氣。第四道是我最喜歡的——油炸金雀花。金雀花盛開的時候黃嫩如雀，豔麗風流，可是便有酸味，曬乾了，酸味沒有了，形態也還保持著，偏偏欲飛，彷彿有蝴蝶振翅的活氣來，用雞蛋液裹了，在油裡炸，酥脆金黃，口腔裡不可言喻的美味。

最後來道甜點吧。雲南山上最不缺的就是漫山遍野的雲南松。等到松樹揚花了，把採集到的松花粉曬乾後，用棍棒輕輕敲打成細末，把糕餅兩面都沾了厚厚的一層，中間又用紅豆沙作餡，兩面金黃，中間綿白，內裡又是紅燦燦的油潤，沒有比這更加富貴吉祥的好兆頭了。

菜都上齊了，酒足飯飽，喝杯槐米茶吧。把槐花花苞趁沒開時採下，曬乾了，這時拿出來用開水一沖，金黃的茶湯，不遜於燈光照射下的琥珀的光芒，而香氣卻又久遠而無可追尋。

鮮花盛開在胃裡，香氣縈繞在唇間，美味永留在心田，靈魂飄浮在藍天。

61. 用水果的香氣滋潤生活

水果菜，大多為女孩子喜愛，可是在渴望春日或者夏陽正濃的日子裡，一盤盤的水果菜發出甜美的香氣，彷彿連帶滋潤了你的生活，讓你的生活也充滿了甜蜜的氣息。你便也安然地享用這大膽搭配而成的美味了。

水果菜於今日大行其道，但並不算新鮮事物。《黃帝內經·素問》就曾明確指出：「五穀為養，五果為助，五畜為益，五菜為充。」告誡人們的飲食應該以穀物為主，水果相輔，禽畜作為補益，菜蔬用來補充養分。可見，在古代的養生科學裡，是離不開四季佳果的。

水果菜有很多，而且不乏新的搭配，創造出很多令人驚奇的味道。我突發奇想：何不用水果配一席菜，讓身心得到一次徹底的滋潤呢？

頭菜當仁不讓肯定是水果沙拉。各種水果都可以用一點，奇異果的綠和香甜綿嫩；雪梨的白和多汁脆爽；聖女果的紅和酸甜可口；木瓜片的金紅和清甜綿滑，再用酸奶和煉乳共同拌和，酸甜的交織，滑與黏的共存，讓吃慣了大魚大肉的舌頭重新感受到清鮮的可貴。

我還喜歡加幾粒桑葚，神祕的紫色，精靈的味道。

主菜就上火龍果蝦仁和水蜜桃西米燒日月貝。火龍果並不是我喜歡的水果，覺得滋味比較淡薄，而且有小種子在嘴裡的沙粒感，但是火龍果和蝦仁卻是彼此涅槃的絕配。蝦仁的腥氣是鮮嫩中的一個瑕疵，但是又不能使用對付牛羊肉那般的法子和香料，火龍果的清氣正好克制了蝦仁的腥氣，所謂「奇正相勝」也。而火龍果有了蝦仁的相伴，也不再孤傲淡漠，終於煥發了熱情的風采。蝦仁白白胖胖乖乖地依偎在火龍果塊丁的旁邊，火龍果身上閃著幸福的油光，整道菜立刻豐滿生動起來。

水蜜桃西米燒日月貝算是我的發明。日月貝是扇貝中的一種，不過感覺質地更滑嫩彈牙一些，最適合水蜜桃蜜香飽滿、濃而不妖的香氣。再配上蒸好的西米，晶瑩如顆顆通透的芙蓉凍石，水蜜桃、日月貝襯在西米燒幼嫩脂滑若羊脂玉的底子上，真是賞心悅目的美味了。

就像愛情一樣，我們應該把甜蜜進行到底。甜點就用榴蓮酥吧。榴蓮是未完成的愛情。雖然榴蓮號稱水果之王，可是有如此令人避之不及的氣味，而且我覺得果仁有生漿氣。可是榴蓮酥便不同，在經過水火考驗之後，榴蓮的王者之氣終於煉成了。輕輕咬開酥脆的外皮，在油香之中一股榴蓮特有的清香直衝鬥牛，讓我的眼睛如北星般發出熠熠的光輝。

吃了這些甜蜜的菜品，也該換換口味，順便上道主食。就上鳳梨雞塊咖哩飯吧。是滿盤的金黃，可是在金粉世家裡又充滿了明快的香甜，鮮辛的辣味，都是熱帶濃烈與誇張的愉快，很快充盈了你的每一個細胞。

只是飯飽，尚未酒足。如果配了燒酒，質量再好，也因為性子太沖，反而添了敗筆。幸虧，還有楊梅酒。酸甜喜人的楊梅釀成了酒也不失紅艷的美色，又多了迅速傳播開來的韻味，便真成了酒水中的牡丹——紅艷芬芳，兩者得兼了。

水果菜散發著甜蜜的香氣，願每個用心生活的人，生命中永遠充滿著令人驚喜的愉快。

62. 青了梅子，綠了芭蕉

「梅子黃時雨」是我非常喜歡的一句話。看看，就這麼五個字，江南的好時節就呈現在眼前了——一片片綠油油的梅林，中間都是成熟了的金黃的梅子，雨絲細細密密濛濛，這是江南才有的啊。我原來在上海客居的時候，正趕上梅雨季，覺得躺在床上都像躺在水裡，到處都是潮乎乎的，就連心事都可以擰出水來。不過還是很喜歡江南，也許江南就應該是濕濕的吧？這樣才能滋潤六朝的煙水雲氣，才能濕了多少風流才子的心，潤了多少佳人的明眸。

可是梅子不僅僅是黃的。讀三國，我不喜歡曹操然而是佩服他的。

不論黃梅子還是青梅子，都和曹操有著某種神祕的聯繫。「望梅止渴」，大概望的是黃梅吧？要不然，眼力再好，怎麼從那一片青蔥裡分辨出小小的青梅？關於青梅，最知名的典故大概就是「青梅煮酒」，我卻不是很喜歡，因為盡顯曹操的多疑、試探、心機，還帶有幾分詭譎，連帶糟蹋了這一盤好青梅、一樽熟煮酒。

不論青梅還是黃梅，中原地區已經難以得見，現在大概只是小姑娘們還在接觸著話梅。就像唐朝的宮廷音樂居然還在麗江有所孑遺一樣，那一種橫亙千年的梅子滋味在大理正洋溢濃香。

大理的洱源是當之無愧的梅子之鄉，成片的都是梅林。花褪殘紅青杏小，別看青梅酸，大理「金花」有辦法整治它。如果單純的做成蜜餞，顯得太普通了些，大理「金花」們把梅子做成「雕梅」。青梅水很大，所以要先用石灰水浸泡，晾乾後梅子肉就不那麼脆了，這時就可以用刻刀在梅肉上雕刻出連續曲折的花紋，然後從空隙處擠出梅核，輕輕壓扁，變成一朵鏤空的菊花。雕的工作做完了，還要醃漬。先用少許的鹽去掉梅子的酸味，然後再用上等紅糖、蜂蜜在罐內密閉浸漬數月，待梅餅呈金紅色時就可以從瓶壇中取出食用。

做好的雕梅可以說「色藝雙絕」，既漂亮奇巧，又酸甜蜜香，滿嘴生津。

更重要的是，白族姑娘會把自己親手做的雕梅作為獻給婆婆的第一份見面禮。

而這盤雕梅會被婆家的人遍嘗，以此來評價新媳婦是否心靈手巧。所以每次我看見白族姑娘含羞帶笑的雕刻梅子，巧手翻作玉菊蘭，都能覺得那裡面別樣的忐忑心情和掩飾不住的甜蜜。

雕梅還可以做菜。原來大理古城有一家老字號的館子叫做梅子井，小院裡有口老井，水質甘洌，店家用來自釀青梅酒，其味雅妙，幾乎不類人間味。

去的巧，便也有雕梅扣肉吃。用大理特產的苦菜做的酸醃菜丁打底，然後鋪了晶瑩的雕梅，上面再放上切成片的「三線肉」一塊蒸制而成。大理人不喜歡吃特別瘦的豬肉，因為比較柴。最為理想的是三線肉，即肉切開後，一道瘦肉，一道肥肉，再一道瘦肉，故名「三線肉」。雕梅扣肉，香氣撲鼻，梅子已成茶色的水晶，肉片軟滑，關鍵的是每一片都融合了梅子特有的香甜，再配上酸醃菜特殊的酸香，吃起來不僅毫不油膩，而且齒頰留芬，意猶未盡。可惜，最近去了一次，井水依舊，人心不古，雕梅扣肉已經天上地下殊途永隔。

當然，菜的份量和水平在地下，價格在天上而已。

除了經常見於典故的梅子外，常在詩詞裡出現的芭蕉在雲南也是美味。

當年佛教著名的米拉日巴大師在修行時，突然打破了淨水碗。他立刻為破碗唱起歌來，因為這場破碎又再一次地提醒他萬物都是不常住的，唯有空性。

所以我對雲南對待芭蕉的「焚琴煮鶴」之舉絲毫不感驚異，只是再聽《雨打芭蕉》的曲子時感到一絲淒涼。

在雲南，常吃到的是肉末炒芭蕉花。其實極簡單，先用熱油加薑絲爆香，加入豬肉末迅速熀炒，未待全熟，下入洗乾淨的芭蕉花絲，炒熟即可。芭蕉花吸收了油脂，整盤菜非常爽口。如果要是素炒，就要多加些豆豉、青椒，要不然可能太寡淡了些。

泰國民間現在還經常有齋僧的活動，施主們席地而坐一長溜，僧人背著竹簍依次而過，施主們便把準備好的食物放在每位僧人的竹簍裡。我看那布施裡常有芭蕉葉子包好的四方形的飯糰。便很想嘗試一下，原來是香米和糯米混合的，撒了鹽巴，又深深地融入了芭蕉葉的清香，那種滋味，真的讓心裡也清靜了呢。

吳文英的《唐多令》：「何處合成愁？離人心上秋。縱芭蕉，不雨也颼颼。」

寫得太淒苦了，讀完之後，我身上冷氣直冒。如果是在徽州，再住一所老房子，旁邊芭蕉蔭滿東窗，我一定會讓寧采臣來和我做伴。這時我就想，幸好是在雲南，芭蕉上灑落的都是陽光，就連腸胃間都充滿了吟哦的清香。

63. 蓮霧是水果裡的奇蹟

我 27 歲的時候第一次吃到蓮霧，在北京它也算得上是價格不菲的水果。

想不到，在大理很快也能吃到了。這不常見的熱帶水果，從我 15 歲第一次知道它的名字，我就一直在心裡渴望和它相遇。要知道，它都是跟誰做伴嗎？

三毛啊，三毛在臺灣的院子外就有兩顆高大的蓮霧樹，還有我那時看到的海峽兩岸的青年作家的選集，一位女作家也滿懷深情地回憶了她讀書的時候教室外的蓮霧，上面承載了很多少女的心事。而最近一次在文學作品裡看到蓮霧是席慕容在她的《豐收》裡用很大的篇幅描述了他們家和蓮霧樹的故事。

和蓮霧樹給席慕容帶來很多困擾不同，我心目中的蓮霧一開始是很神祕的。那時候有點望文生義，蓮霧，蓮花上的一層霧，多奇妙多聖潔。後來知道蓮霧是種水果，還有了短暫的失望——水果是斷然稱不上聖潔的；不過很快就釋然了，就算是水果，也一定是種奇妙的水果吧？

別人第一次送給我蓮霧的時候，我覺得這佛手瓜不僅長得胖嘟嘟的，還是紅色的，挺有意思。朋友一說是蓮霧，我才認真地看起來。都說蓮霧也叫鈴鐺果，還真的是很像呢，紅色的果實，上小下大，側面看像是一口鐘，而且中間還是空的，只不過果肉層比較厚罷了。拿起來細細聞聞，有淡淡的蘋果和梨混合的清香。迫不及待地洗乾淨，放在嘴裡輕輕一咬，好脆嫩的果肉，牙齒輕輕接觸，就果汁四溢，然後淡淡的芳香在口腔裡瀰散。也是一種蘋果和梨子混合的味道，可是不像蘋果那麼甜膩濃厚，也是淡淡的，甜味也不大，可是別有一種清氣，帶著一種柔和和清涼，直達心底，彷彿紅塵裡一股清涼的晨霧。這時候我就想：原來蓮霧的名字不是描摹它的外形，而真的是它的內涵寫照啊。

蓮霧我覺得最好是直接吃，倒不要像其他水果那樣入菜。因為蓮霧的美妙是要靠心去體會的，浮躁的人往往覺得它不夠甜。因為蓮霧的含糖量少，

便有很多人想方設法讓它甜了來，比如切成片做成沙拉，上面撒了多多的沙拉醬或者煉乳；抑或有人反其道而行，便用鹽水泡了，切片炒成菜，好像臺灣的「四海同心」，便是把蓮霧中間塞了肉餡，上籠蒸了來吃。我都很不喜歡，蓮霧是不能隨便整治的東西啊，蓮花尚且「可遠觀不可褻玩焉」，何況是如那蓮花上縹緲輕妙的霧氣一般的味道呢？

挑選蓮霧有句口訣「黑透紅，肚臍開」，意思是說蓮霧的外觀一定要果色深紅，下部的臍底長得比較開，這樣才算自然成熟，當然果實就比較鮮甜。而吃蓮霧最好是整顆咬，從小的那一頭咬起，才會越吃越甜，若是將蓮霧切片就甜味不均勻了，喪失了那種讓人心動的美妙。

問了臺灣的朋友，知道最近也出現了不少新的蓮霧品種，比如綠色的蓮霧和黑色的蓮霧。不管哪一種，蓮霧在我心裡都是水果中美麗的奇蹟。

64. 杜鵑搖紅解茶香

院裡杜鵑開得正好，只是時在風中搖落。

大理自有風花雪月。春雪輕揚，點蒼盡白頭，忽然玉碎冰屑下，匯入眾溪，直向萬花深處去；夏花爛漫，古梨瑩白，山茶露笑顏，一時芳菲歸深山，自有幽蘭迎候；秋月圓轉，洱海靜夜，三五友人好泛舟，卻見冰輪離海島，空宇深碧淨澄澈。而到了冬天，就是風的天下了。好風連綿起，卷龍上九霄，忽然靈氣消散，卻見錦書，不知紅塵舊友，可安否？休住休住，吹我靈思且同去。

無味的茶就是這個時候到了。

無味是我未曾謀面的老朋友。雖然客居京城多年，然而我在北京的最東面，無味的茶莊和茶館卻在北京的西邊，京城之大，自是不方便相見。身無綵帶雙飛翼，然而靈臺還不全是混沌，忽然靈犀一點，我們就認識了。那時只知道她是高級評茶員，而且酷愛植物，就是雙休也要儘量遠足，可能是城市中活得最親近自然的那種人。

後來無味除了打理自己的生意之外，還在臺灣和北京開的「紅兆頭」做管理工作。紅兆頭在北京馬連道福緣茶城是有一家店的，而我常要應朋友的要求去馬連道幫他們選購茶具或者茶品，想來就有機會看到無味了。然而，偏偏一次都沒有遇到。

雖然沒有遇到，在紅兆頭那裡倒常聽到無味的消息。真是一個愛茶人啊。

在我的心目中，商人和茶人並不矛盾。一個商人如果是一個真正的愛茶人，那麼是眾多茶品消費者的福氣；而一個愛茶人如果是一個商人，那麼對於茶葉文化的傳播將造成何其大的作用！

可能去了紅兆頭有五六次吧，倒是認識了一個小老鄉——泡茶的於芳小妹妹。印象最深的除了品嚐了一些紅兆頭的臺灣烏龍，讓我對清香型的烏龍感受更深之外，就是我施「巧計」套了於小妹妹的信任，把無味三十年的老觀音翻出來泡了喝。那也是我第一次接觸存放年代久遠的烏龍茶，在那之前，

我一直都是以為只有普洱茶才適合陳放的。不過第一次喝那老觀音感覺並不好，於小妹妹說，真的有醇和之氣，我卻嘟囔說：「怎麼一股大甜椒熰爛的味道！」（估計無味看到這裡，不由扼腕嘆息，真真是明珠暗投啊！）後來，我生了一場大病，感覺生而為人之脆弱，於是去西藏，感受那天地間的靈氣，人神間的徘徊，塵世中的信仰。路過色季拉山口的時候，我下車取了好大一團雪。到了拉薩，化了燒水沖綠茶喝，突然就決定了一些事。不久，我就離開北京到大理生活了，走得匆忙，終於未能見到無味。

在雲南，剛開始我在騰衝的一個景區工作，無味正好打算去翻越高黎貢山，順路還要看看高黎貢山那些老茶樹和生長千年的大樹杜鵑。那幾日恰好我剛從緬甸看史迪威公路回來，也有心同行。然而無味他們是從保山那一方翻越高黎貢山，我卻在高黎貢山的這邊，這一次的計劃中的相見，因為我決定舍高黎貢而去瑞麗，最終也未能實現。

帶著這些許的遺憾我打開無味寄來的包裹。裡面是無味自己的泰元坊茶館的包裝——厚厚的黃色牛皮紙袋，時光的味道。泰元坊的標誌是蓮花上的祥雲，都是我喜歡的元素。紙袋的正面還有白描的兩位古人，抑或對弈，抑或品茗，自有一番韻味。這次寄來的有無味親下雲南茶區比較定製的小生餅「清新」，還有雲南門記的雲南大茶山的袋裝茶，除了我較多接觸的易武、班章、南糯、蠻磚等地的茶外，還有我沒有接觸過的莽枝、革登、攸樂等地的茶葉，對我來說，是一個完善自己茶品知識的好樣本。此外還有兩個勐宋和倚邦的生餅茶樣。我自己很感興趣的是無味的茶品包裝上都有產地和時間等明確的標示，這說明她除了在包裝方面對美感的追求之外，還很重視茶葉的標準化和標示問題，這是非常值得稱讚的。

看完這些茶品，我掏出手機，給無味發去一條簡訊：沒有見過面的老朋友，茶葉收到了；大理的風起了，然而，杜鵑花開得正好。

65. 大茶真性

這個世界上我執著地熱愛一種飲品。

作為中國人，永遠無法抹去生活中茶的烙印。

任何種類的好茶，我都喜愛。綠茶中的太平猴魁、顧渚紫筍，甚至不那麼出名的六安瓜片，都以別樣清嘉、一碗入畫而深得我心；烏龍茶裡的水金龜是我不能忘懷的香意，大紅袍奇異的水蜜桃香令我驚奇；紅茶我喝得少些，然而滇紅一如雲南那麼明豔；花茶不用說了，蓮花香片高妙的聖潔之氣，縈繞心田彌久不散。然而，這飲品中，有一類甚至已經不能算茶，我把它叫做「大茶」，大茶就是普洱。

普洱是可以品飲的古董。我不收藏普洱，收藏普洱的是商人，商人的目的是營利，我的目的是喝茶。然而普洱確實要藏，好東西要放的年頭久了，才有更為令人驚奇的沉澱——時光是速成不來的。

我有幸喝到了將近 100 歲的普洱。茶葉條索已經不那麼清晰，彷彿融為了一體，小的茶塊上面泛起了亮光，如油潤的膏體。沖泡的方法也和一般普洱不同。在大水洗中放了滾燙的水，又用滾水細細淋了白瓷蓋碗，之後把蓋碗放在大水洗中，又沖入滾燙的礦泉水，輕輕拈了幾塊老茶放進去。慢慢地，從茶中滲出幾道褐紅色的茶液，卻不立刻滿佈在杯中，而是呈分散的金絲菊花瓣般向上延伸，彷彿流星雨劃過天際。最後，茶湯終於融匯了，茶色滿佈開來，杯麵上縈繞一層白霧，輕揮即散，散後又聚。這麼濃的茶湯，入口感覺像有生命般，倒不是那種絲般的爽滑，卻是很快滋潤滲透了口腔，味道卻又不烈，醇厚的如同溶化的玉。

我對普洱的興趣最早來源於它的得名。雲南的風物，大多不廣為人知，一旦被主流發現，往往轟動天下。然而，像普洱茶這般吸引著幾個世紀的人類興趣，卻也是少見的。唐樊綽的《蠻書·管內物產第七》（864 年）載：

「茶出銀生城界諸山。散收，無采造法。蒙舍蠻以薑、椒、桂和烹而飲之。」

　　銀生城（今景東縣）界諸山，即今雲南景東、景谷及其以南之地。蒙舍蠻系唐代洱海附近居民的六詔之一的南詔，居住在今雲南巍山、南澗縣境。

　　清阮福的《普洱茶記》（1825 年）中有「普洱古屬銀生府，則西番之用普茶，已自唐時」的記載。西番指今西藏、四川等地的藏族。這起碼說明，早在唐時，普洱就被眾人熟知與喜愛，並且不遠千里，遠赴藏邊。當然，這和普洱茶耐儲藏也有很大的關係。

　　傳說中的普洱茶得名又是另外一番想像。相傳，雲南曾遍發瘟疫，民不聊生，一老者忽出現，引眾人採樹上青葉，為茶而飲，瘟疫遂止。老人化身而去，現普賢菩薩像。眾人觀茶，葉片形如老者之耳，因稱「普耳」，茶既屬水，故名「普洱」。這個傳說美則美矣，但是大概如同佛教迷信化的過程一樣，附著了太多想像。現在，基本比較流行的說法就是普洱茶產自西雙版納各大茶山，在普洱（地名）集散運輸，故被人們傳為普洱茶。其實，普洱應該是哈尼語的音譯，「普」是寨子的意思，「洱」是水灣的意思，應該是指那裡是人們逐水灣而居的地方。而且從現有的古籍來看，宋朝時就有「普茶」的叫法，普洱府卻是在明朝大約萬曆年間設立的，所以，這個說法也有待商榷。

　　無論普洱茶的得名是什麼樣的，沒有雲南可以說就沒有普洱卻是實情。

　　普洱茶的原料是雲南的大樹青毛茶，也就是喬木型茶樹的葉子。後來慢慢經過人工培植，才出現了臺地灌木型茶樹。所以，選擇一款普洱好茶，往往要追溯到這款普洱的原產地、原材料和是否為原地加工。在雲南，四個較大的普洱茶茶區是：西雙版納、思茅、臨滄與保山。西雙版納茶區造就了早期的西雙版納私人茶莊，以及現代的勐海茶廠；思茅之普洱，古老的加工與集散地，與普洱茶的淵源自不必說，許多老茶人回憶，早期（20 世紀 20 年代至 40 年代）私人茶莊花費頗多請思茅的揉茶技師，可見思茅當時加工技術之優良。臨滄、保山茶區，古為永昌府，是雲南用茶的鼻祖「蒙舍蠻」的起源與重要活動區域，可以說滇西茶區（現代的臨滄、保山茶區及德宏茶區）過去是古茶區，近現代則是下關茶廠（前期康藏茶廠）的主要原料供應商，

也可以說是雲南緊壓茶的重要產區之一。著名的班禪緊茶、下關沱等等都是以這個茶區的茶青為原料的。

而從茶樹方面來說，在現今，經過考察，西雙版納、思茅、臨滄、保山、高黎貢山等地，都發現千年以上的野生古茶樹群落，樹齡最長的有兩千多年，特別是思茅瀾滄的千年野生古茶樹群落與臨滄地區的千年野生古茶樹群落最具代表意義。不過，我並不是完全贊同一味地追求老樹茶、野生茶，一是有的出現了物種退化的現象，茶葉的有效成分不穩定；另外一些粗老茶樹的刺激性較強，並不適合飲用。

從製法上來看，普洱茶可以分為生、熟兩大類。普洱茶的加工一般都要經過殺青、揉捻、曬乾、堆捂等幾道工序。鮮采的茶葉，經殺青、揉捻、曬乾之後，成為普洱毛茶。毛茶不經過渥堆工序而直接蒸壓成普洱茶的，就是生茶。

生茶較多地保留了茶葉的本味，茶氣強，但是口味比較霸道。而經過渥堆促進發酵後再製成的普洱茶，就成為熟茶。熟茶湯色紅亮，入口味道醇和，而且對於將養腸胃很有好處。

好的普洱茶，除了上述出身等的要求外，在它的一生中，成長也是至為重要的。所謂的成長就是普洱茶的陳化。一款原料和加工並不是特別出眾的普洱茶，經過合理的倉儲，加上歲月的陳化，可能會成為一款令人驚喜的好茶。

生茶有可能變化出更為豐富的香氣，而熟茶喝起來可能更有層次感。關鍵是能不能在普洱茶中保留「真性」。這種真性，就是普洱茶的精神——厚重，耐得住寂寞；高貴，不能夠被汙染；至味，醇厚深沉而不張揚。所以很多人總結出來九個字：藏生茶，喝熟茶，品老茶。這些是懂得普洱的人啊。

普洱茶，是大茶。大茶真性，大茶真味，大茶無相。

66. 春韻盧正浩

　　北方的天氣越來越像南方，夏天是潮悶的熱，稱之為「苦夏」。偶爾得到一罐盧正浩梅家塢龍井，心裡不由回想起杭州梅家塢那氤氳的水氣，卻絕不曖昧，是乾淨俐落的仙霧繚繞。

　　龍井是個品牌，不是一種制茶的方法，可是因為盛名之下，李鬼者眾，偶爾見過貴州一個品牌，也號稱「貴州龍井」。其實從地理上來說，杭州西湖以西獅、雲、龍、梅四個山頭下的 1391.7 公頃茶場裡生產的才是真正的龍井茶。獅主要指獅峰翁家山；雲主要指五雲山的雲棲；龍主要指西湖龍井村御茶園；梅就是指杭州梅家塢。盧正浩龍井茶，就產於梅家塢村。「盧正浩」是梅家塢村原書記盧正浩的子女在杭州眾多的龍井茶品牌中明確樹立盧正浩龍井茶的風格，並且面向大眾的又一真正茶葉品牌。

　　我得到的這罐盧正浩梅家塢龍井，是用瓷罐盛裝的。造型古拙，頂蓋中間印有紅色印鑒──「老梅家塢茶」，罐身印滿淡黃色底子金色百家姓，中間豎印紅色「盧正浩龍井」，罐底有黑色燒製印記「梅家塢」，罐蓋嚴絲合縫，內裝真空錫袋。

　　打開錫紙包裝，茶香清雅，觀看條索，葉片整齊，平整扁勻，色澤類似青芝綠，細嫩白毫披覆。沖泡後，葉底邊緣齊整，茶湯色淡但是嫩綠喜人，茶味清幽，入口滑潤，生津回甜，很好地體現出龍井茶「色綠、香郁、味甘、形美」的特點。

　　龍井茶作為綠茶之中的佼佼者，也是傳統十大名茶之首。在中國近幾年綠茶的優勢卻在逐漸的喪失，更多的人開始喜歡鐵觀音或者普洱。普洱有著獨特的保健作用，鐵觀音香氣濃郁，都是茶之佳品。

　　但是我個人認為綠茶尤其是龍井其實更多地保留了自然的感覺。綠茶是不發酵茶，彷彿透過炒或蒸，已經把整個春天鎖進小小的葉片之中，那青綠的茶湯就是浸潤出的整個春天啊。而綠茶香氣比較淡雅，尋常的人如果不靜心品味，往往覺得它比較寡淡，由此也可以看出現代人的心現在是越來越浮

躁，就像只能看到正午牡丹濃重的豔麗，卻無法體會出清晨荷花露珠消散的清霧裡淡淡的香甜。

其實我一直覺得附庸風雅的乾隆對龍井倒真還有幾分真知：「啜之淡然似乎無味，飲過後方有一種太和之氣，瀰漫乎齒頰之間。」並且評價龍井茶「無味之味，乃是至味」。綠茶還代表著中國的文人君子文化。中國傳統的文人追求超凡脫俗，雅寂人生，在淡定和寂寞中探索文心與人心，這不就是綠茶的精神嗎？

盧正浩梅家塢龍井是好茶，我在窗前細品一口，覺得整個西湖的水潤之氣消散了我心中的浮躁之火，哪怕窗外知了叫得正猛，氤氳茶香裡還是拉開了一幅春天的畫卷。

67. 細品老茶頭

　　昆明的朋友，費了不少力氣「搜刮」來一些老普洱。朋友家兩口子都愛茶，但是都不怎麼喝熟普，他們認為熟普是不好的茶菁製作的。我倒是比較喜歡熟普，所以他們找了這熟普來，我倒是心存感激。

　　關於熟普，我還是想辯解幾句。對於普洱茶來說，人人都奉老茶為經典。

　　我自己比較認可的是「品老茶、藏生茶、喝熟茶」，為什麼呢？一餅好的普洱生茶要轉化為比較醇厚的感覺，我自己認為要十年至十五年的時間，我一輩子有多少時間去等這種驚喜啊？第二點，我自己也認為很重要的一點，是熟普更易被接受。我想除了雲南的一些大茶區以外，其他地方很少有人（消費者而不是茶葉業者）會認為普洱的茶湯顏色不應該是紅亮濃郁的，生餅的黃蜜色茶湯很多人都會認為不是普洱。從功效和口感來說，熟普的茶性轉於醇厚，解膩的感覺更突出，對胃的刺激更小，也使普洱的適應區域更廣泛。很難想像，如果在冰天雪地的北方，你又手捧一杯生普洱茶，總不如熟普洱茶感覺那麼溫暖吧？第三點，我曾經有幸接觸過一些「號級茶」的樣本，大家知道，就算生普放上幾十年，茶湯也只是比較亮的淺栗色，可是這些號級茶有的茶湯居然紅濃透亮。這是為什麼呢？要知道，20 世紀 70 年代才正式發明了普洱渥堆發酵技術啊。經過查閱一些資料和請教一些年齡九十多歲的老茶農，才知道當時上山采毛箐，交通非常不便，於是在回茶作坊殺青之前，為了防止茶葉過分萎凋，曾經適當灑些清水以防乾燥過度。那麼，也就是說，實際上相當於有一部分茶葉已經提前人工發酵，類似於較輕渥堆發酵。所以，我個人認為，只要茶的口感良好，理化指標沒有有害物質，無論是自然後發酵（生普洱轉老）還是人為發酵（熟普洱渥堆技術）都是好的。

　　雜七雜八說了這麼多，趕緊來說說朋友找的這款茶。按說我接觸的普洱茶品種也算不少了，從廣義的緊壓茶範疇來說，我品嚐過版納茶區、勐庫雙江地區、無量山地區、瀾滄江地區等不同的普洱生餅、熟餅、生磚、熟磚，還有下關沱茶廠製作的沱茶與緊茶，也品嚐過茯磚，還喝過比較老的金瓜貢，

形體較小的小玉餅。但是朋友這款茶的形制我沒見過——好像鵪鶉蛋,似圓非圓,似方非方。

且不管它,泡了再說。茶的表面有白色霉斑,我心裡便很忌諱。細細看來,又不像是霉斑,因為缺乏菌絲體。所以我開始判斷這是一種濕倉很厲害的普洱,然後經過很長時間的乾倉存儲,最後退倉,所以菌已死亡。因為是老茶,我使用了一款優質降坡泥燒製的石瓢小壺,大魚眼連珠狀沸泉水沖泡,每泡七至十秒時間。有兩個現象推翻了我剛才的想法:其一,茶湯有陳香,但是細分辨沒有霉味和堆味;其二,茶湯非常清澈,沒有雜質。這就說明這款茶起碼不能說是濕倉茶。

開始品茶湯,咦,居然已經有參香味了。茶湯本身也比較順滑,偏甜,水質也很厚。嘿嘿,這茶有意思。於是我一天連泡二十遍,居然茶湯依舊醇厚。

還有一個更奇怪的現象,從葉底來看,雖然是已經碳化,但是應該說茶青等級不低,未見粗老毛茶和較粗的茶梗,但是茶葉居然結塊不散!我的好奇心上來了,索性把它泡一夜,看看情況再說。結果是我連泡兩天兩夜,茶葉仍不散開,最終,怕茶壺時間長了有異味,我只好一倒了之。

帶著疑問,我把沖泡茶的照片發到了我常去的茶葉論壇上。有知道的茶友說是老茶頭,我在昆明朋友那裡也得到證實。那麼什麼是老茶頭呢?我又請教了一些做茶的朋友。原來茶廠在一塊固定的地方進行普洱熟茶渥堆發酵時,長年累月在地表累積起一層厚厚的茶葉,老茶頭主要是由較嫩的茶青和茶滲出的膠質結塊而成。老茶頭髮酵好,茶湯湯色紅褐,香氣濃郁,入口飽滿,回甘持久,入口也比較順滑。

但是老茶頭有兩點應該是注意的:首先是它的斷代。因為通常渥堆發酵時都儘量減少茶頭的量,有的能夠解開的就解開重新拼入以後的渥堆之中,所以它應該是一種累積起來的熟普,有的人能很明確地說「這是三十年的老茶頭」,我個人認為起碼不夠嚴謹;其次就是,老茶頭不能解開沖泡,如果解開沖泡,土腥之氣嚴重,影響品飲。

對於老茶頭上的「白霉」，有朋友說「應該是因為濕氣導致茶葉角質層白化、脫落或是一些有益菌種」，我透過老茶頭產生的條件來推論，比較認可這種說法。但是如果有茶葉研究的相應條件，我想還是應該進行理化試驗，以確定這類菌的種類和作用。

　　最後，感謝昆明的朋友張雲川，讓我有機會喝到老茶頭；感謝景洪資深茶葉世家的朋友「老樹新芽」、「小阿布」的指點。我想，茶葉知識精深廣博，遨遊其中，便是因為有了要弄清真相的無窮動力。

68. 水，不可命名的水

　　泡一杯細嫩的樂山竹葉青，水溫高了，茶湯砸出了青末，苦澀凝滯，可惜了一撮好茶，也可惜了一杯好水。

　　水，至柔者至剛，沒有形狀，捉摸不定，然而卻有著世界上最不可小覷的力量，所謂水滴石穿，以柔克剛的典範。

　　大理多好水，蒼山十九峰便有十八溪。陸羽在《茶經》裡說：「其水，用山水上，江水中，井水下。」可見山泉水是水質最好的。這是地上的水，而水有靈性的，那就是在天上了。凡人不可能上天，只能期待著它自己下來，或者為雨，或者為雪。為雨的不夠輕靈，為雪的最佳。白居易《晚起》詩中描述到「融雪煎香茗」，陸龜蒙《煮茶》詩中有「閒來松間坐，看煮松上雪」，都說明了古人對雪水的青睞。

　　之所以看重水，其實還是看重茶。明代許次紓在《茶疏》中說「精茗蘊香，借水而發，無水不可與論茶也」；而明代張大復在《梅花草堂筆談》中也談到：「茶性必發於水，八分之茶，遇十分之水，茶亦十分矣；八分之水，試十分之茶，茶只八分耳。」雖然把茶湯的味道不佳完全歸咎於水質不好，有扣大帽子的嫌疑，但是水的重要性還是不可低估。

　　水既然重要，一般人又不可能像乾隆皇帝般窮盡人力物力天天從玉泉山運水到宮裡，只好在水的儲存方面下功夫。明代羅廩在《茶解》中曰：「大甕滿貯，投伏龍肝一塊，即灶中心乾土也，乘熱投之。貯水甕預置於陰庭，覆以紗帛，使晝挹天光，夜承星露，則英華不散，靈氣常存。假令壓以木石，封以紙箬，暴於日中，則內閉其氣，外耗其精，水神敝矣，水味敗矣。」意思很明白，就是家裡得有一個小型的礦泉水工廠。許次紓就比較便宜行事，倒是得了水的真傳——「貯大甕中，但忌新器，為其火氣未退，易於敗水，亦易生蟲。久用則善，最嫌他用。水性忌木，松杉為甚。木桶貯水，其害滋甚，挈瓶為佳耳。貯水甕口，厚箬泥固，用時旋開。」這就簡單得多了。

　　水保存是有講究的，煮水的時候也不能隨便。

許次紓在《茶疏》裡就強調了這個細節：「金乃水母，錫備柔剛，味不鹹澀，作銚最良。銚中必穿其心，令透火氣，沸速則鮮隔風逸，沸遲則老熟昏鈍，兼有湯氣。慎之慎之。茶滋於水，水藉乎器，湯成於火。四者相須，缺一則廢。」此文不僅說明了煮水的重要性，而且更是強調了茶、水、器、火的相輔相成的關係。

水煮好了，就該沖茶了。冒襄，就那個先買了董小宛，又被順治帝奪了去，卻還有好大風雅在家裡仔細思索茶道的人。寫了本《岕茶匯抄》，裡面說：

「先以上品泉水滌烹器，務鮮務潔。次以熱水滌茶葉，水太滾恐一滌味損，以竹箸夾茶於滌器中，反覆滌盪，去塵土、黃葉、老梗盡，以手搦乾，置滌器內蓋定，少刻開視，色青香洌，急以沸水潑之。夏先貯水入茶，冬先貯茶入水。」這裡出現了「上投法」和「下投法」的記載。

然而，但是，我沒錢、沒地方、沒時間，所以不能向諸位品水大家學習。我所能求助的，只有大自然。蒼山馬龍峰麓，山頂積雪融化，順山勢而下，在林蔭中蜿蜒，所成泉水，匯聚於莫殘溪，因靠近感通寺，常被用來沖泡著名的感通茶，又被稱為感通山泉。用來沖泡茶葉，香氣高妙，茶湯清澈喜人。還有機會到雞足山。雞足山的泉水順山而下，沿路諸多名剎，均汲之以飲用。更有牟尼庵，以山中出產草藥，以佛法制之，加山泉煮成「大悲甘露茶」，從明朝時即施捨路人，聲名遠播。

水，不可命名，至柔、至剛；至尊貴也至卑微；至煩瑣又至簡約。所以，賢人說「上善若水，厚德載物」，我深以為是者也。

69. 水金龜裡的岩骨花香

我承認，我對水金龜有偏愛。

可是這種偏愛是從第一次就有的。在我的心裡，烏龍茶四大名叢裡，水金龜是排第一的。大紅袍有幸喝過一次母本的，第一泡有板栗香，後面有水蜜桃香，是那種大家閨秀中規中矩的甜香，比擬起來，應該是賈元春才選鳳藻宮的那種；鐵羅漢，在東南亞的聲響還在大紅袍之上，蘭花香裡帶著剛烈的火香，還有幾分中藥的藥香，老茶客更喜歡一些，新接觸的人便往往被「沖」得站立不住，甚至帶著李清照「至今思項羽，不肯過江東」的絲絲硬氣；白雞冠是冷美人，清冷之香伴著幼嫩彎翹的葉芽，湯色也是金黃淡蜜，又顯得單薄了些，彷彿寒潭鶴影，又像極了寫句詩還要吐白芍藥一身血的林黛玉。除此之外，肉桂的那種辛香，彷彿山野間明麗的村姑，帶了幾分潑辣；水仙的香氣可以說得上馥郁了，又彷彿電影明星，遠遠看著，那念想往往比娶回家裡更長久些。

水金龜是很不同的。它有梅花香，岩茶的「岩骨花香」它得到的內涵最多。大紅袍聲名太顯赫了，在這個世界上，跟名人打交道大抵是比較累的。如果某名人一再宣揚他平易近人、易於接觸，只有兩種可能：一是他的名氣還不夠真得那麼大，要麼暫露頭角，要麼明日黃花；二是他平易近的那個人還有某種價值。鐵羅漢不夠圓滑。思想先進的人都會顯得有些怪異的，然而往往成也怪異、敗也怪異，真正從心裡欣賞芙蓉姐姐那「冰清玉潔而又妖媚萬分的氣質」的人恐怕沒有幾個，鐘楚紅現今上街尚被叫做大媽，可知芙蓉奶奶以後的「紅顏薄運」（倘若伊也算是紅顏的話）。白雞冠太出世了。這世界上所有的出世其實都是為了入世的，佛法僧都出世了，何來拯救眾生？出世之人已成仙佛，度化只在紅塵中。

水金龜是中庸的。聲名不低，可是不在大紅袍之上；香氣和大部分岩茶的蘭花香不同，可是卻也得自然之韻；條索不似普洱那般肥壯，卻也少了千年野樹、追查祖宗三代的煩惱。

　　我最喜歡的，還是它的香。蘭花香重在一個「幽」字，深谷藏幽蘭，可是這蘭香頑強得很，偏偏像狐狸精幻化的美女，勾著你引著你直到深山裡去把她尋著；梅花香重在一個「清」字，香得爛漫，偏又莊重，還帶幾分清高，「寂寞開無主」，沒人欣賞也是香飄一方，香不香是自己的事，欣賞不欣賞是別人的事。朱敦儒的一首詞裡寫梅道「獨自風流獨自香」，倒是很得梅花的精髓。所以我覺得「花香」的精髓就是自信不張揚，總有人欣賞；「岩骨」的特質就是外圓內方，回味悠長。這些，水金龜做到了。

　　我喜歡水金龜，大概是因為我想做個像水金龜那樣的人吧。

70. 邀友共謁晚甘侯

接到快遞公司的電話，我還在昆明一個朋友的茶莊裡喝茶，回到大理，又遇到北京的朋友們來看我，於是一造成麗江偷閒，真正打開包裹已經是一週以後了。原來是晚甘園園主劉大哥寄來的岩茶。

說到和晚甘園結緣，真是一件很偶然的事情。晚甘園不像三醉那般聲勢浩大，可是也是一群愛茶人的家園，慢慢地做得很細緻。我並不是茶道高手，可是很喜歡喝茶。小的時候多是喝綠茶、黃茶和花茶，梅家塢的龍井、霍山黃芽、天山銀毫，總在我的記憶裡留下一抹淡而悠長的茶香。後來在北京，因為餐飲酒店工作的關係，便接觸到很多好茶。那個時候特別的喜歡烏龍，鐵觀音、大紅袍、鐵羅漢、水仙喝了不少。後來臺灣的紅兆頭在北京開店了，便有時去蹭一些臺灣的品種來喝。像是凍頂、東方美人，也留下了不錯的印象。再後來，我定居在久已嚮往的城市大理，又認識了一群愛喝普洱茶的朋友，普洱特有的醇厚陳香讓我不忍釋杯。可是沒有了北京的高薪，在雲南要想喝到好的岩茶，還真是囊中羞澀。

我又是一個愛發表點小文章的人。說到喝茶，我倒是從來都是敢評論的。為什麼不懂茶還要評論？就是不懂才要多說，我想學茶大概是從討論、批評中才能成長的，如果因為不懂而不敢發表意見，那麼就會喪失很多學習和增長知識的機會。雖然我也受到一些自認為是茶道高手的人的恥笑，彷彿很不屑的樣子，可是也因而結識了很多知識淵博的茶友，獲益匪淺。那次我在晚甘園發文又忍不住感慨了：水金龜啊水金龜，再想喝到你恐怕要攢錢了。

園主劉大哥，我們以前沒有打過交道，我想能堅持地做一件事情的人都是很不容易的，何況是管理一個網站。然而他就很認真地看了我的文章，提出了一些意見，也主動提出送我一些岩茶來喝。我大抵不太相信天上掉餡餅的好事，所以雖然心存感激，但也不是很上心。

直到打開包裹，水仙、肉桂、水金龜、鐵羅漢……林林總總幾包茶，每包上面都很認真地註明了茶的種類和產地，看著劉大哥飄逸灑脫的字跡，我彷彿已經聞到了縷縷茶香。

　　平常我得朋友恩惠實多，這次得到這些好茶，我也不敢獨享，邀了有空的朋友來喝茶。茶是一個奇妙的東西，單獨品飲，但覺心清月自明；如果邀了朋友來一起品飲，別有一番情誼滋味。我想，慢慢的寫出每種茶的品飲心得，以便讓更多的朋友能夠分享到茶湯滋味，也算是對劉大哥的一種感謝吧。

　　古人往往比今人更懂浪漫，千里相寄的一枝梅花，便捎去了整個江南的春天。今天得到劉大哥同樣也是千里寄來的茶，不由得心生感慨，權且強賦一首小詩來紀念吧：

　　古人贈梅今貽茶，一般雅意淡生涯。

　　岩韻花香縈砂甌，邀友共謁晚甘侯。

71. 愛上曼特寧

我平常不是很愛喝咖啡。

咖啡和茶，我絕對的偏愛喝茶。茶，更符合我的個性。

我是慢熱型的人。就像茶，第一遍要溫潤，洗去表面的浮塵；第二遍，世人稱為頭料茶的，往往不夠香濃；第三遍，二道茶，才是最精華的部分，既夠香濃，又無苦澀；第四遍，最後的釋放，已經有強弩之末的感覺了。空留茶碗中的葉底，雖然最接近前生的形態，卻完全幻化出去了靈魂。

咖啡卻不同。只有一遍，瞬間釋放畢生的精華，生命的香氣，喝完了，便再也無處尋覓。恰如流星之絢爛，張揚而不羈。

同事兼朋友，也是性情中人。她更喜歡咖啡，也是一種生活的品質。在「咖啡小鎮」，一磅曼特寧，咖啡色的外包裝，本色而不張揚。我只看見「蘇門答臘」幾個字，知道那裡所產的咖啡以豐富的質感而聞名於世，但是也未曾想品嚐。

次日，她便用摩卡壺煮咖啡，隔著幾個辦公室，我聞到濃烈的香氣。速溶咖啡，不要提了吧，無論怎麼沖沏，便是無可避免的酸澀；藍山，我也不喜歡，彷彿壓不住的帶一絲輕佻；卡布奇諾，我覺得便像小女孩，奶油太多，不知道青春本色才是最好的裝飾。

手頭恰好有一隻她送的咖啡杯，精緻的上了乳白釉的骨瓷，印著跳脫的咖啡豆圖案。突然有種想喝的感覺，便用熱水燙了杯，然後討了一杯來。燙過的咖啡杯，是咖啡在世間最後的容所，用著稍縱即逝的熱情挽留咖啡所有的繾綣。這杯曼特寧，醇厚，濃重，碳燒的味道，然而苦中充滿順滑的回味。

我總是喜歡喝黑咖啡，既不要糖也不加奶，這樣，才有不經修飾的自然醇香。

邊喝邊想，如果愛情，能夠如同一杯曼特寧，便真的，也是不錯的。

　　其實像茶對中國文化的貢獻一樣，咖啡也滋養過不少西方文化。著名的「咖啡館作家」宣稱自己的終身職業首先是咖啡館常客，其次才是作家，去咖啡館並不是為了喝咖啡，而是他們的一種存在的方式。從高擎個性解放的自由旗幟的盧梭、伏爾泰到當時的許多著名文人，都有自己固定聚會的咖啡館。而如現實派小說的奠基人狄更斯、以批判風格著稱的作家巴爾扎克和左拉、畢加索，直至精神分析學大師佛洛伊德，一連串輝煌的名字，則把歐洲近代數百年的文化發展史在不同的咖啡館加以演繹，使得咖啡也因此散發了更為醇厚的人文香氣。

　　咖啡的原意是希臘語「Kaweh」，意思是「力量與熱情」，和茶不同的是，茶可以包容一切，而咖啡幫你釋放一切。在生活的不同時段裡，偶爾喝杯咖啡，一杯苦滑香濃的曼特寧，也許像生命裡在聆聽一曲低回的大提琴，抑或也可以聽見自己心裡大海潮水沖刷的聲音。

72. 心神悵然感通茶

彩雲之南多祥瑞，漢武帝夢得七彩雲朵，起而果見，命使臣追隨，到白崖，彩雲仍向南，使臣被昆明池所阻，悵然而返。漢武帝因此將使臣所到之地命名為「雲南」。漢武帝所命名的雲南，今為雲南省祥雲縣，白崖為今彌渡縣紅岩，均屬大理白族自治州管轄，而昆明池今天有個美麗的名字叫做「洱海」。

祥瑞的大理，自古及今，號稱妙香佛國，我想，一為寺院大德之香，一為山泉茗茶之香。大理多好茶，下關沱茶遠銷海內外，寶焰緊茶在雪域高原聲譽甚隆，十世和十一世班禪大師屢次垂顧；雲龍縣所產滇綠品質深厚，滋味醇和；南澗土林鳳凰茶紅濃醇香，在普洱茶類中大放異彩；便是寺廟中也有好茶，感通寺的感通茶我就念念不忘。

我第一次喝到感通茶是在九年前。感通寺因為擔當大師和徐霞客的寓居，佛法和書香一時無兩。其實，金庸先生筆下《天龍八部》中的段正明、段譽（歷史上的段和譽）兩位大理國君主都是在感通寺出家為僧。而感通寺的得名，也正是因為「事事有感而通」的美麗傳說：相傳南詔著名僧人李成眉，一日見點蒼山鐘靈毓秀，於是將自己的拐杖插入泥土之中，誠心祝禱：「如若可以建廟，就讓拐杖生根發芽。」未幾，拐杖果真枝葉茂密，於是李成眉修建了寺廟。

因為寺廟裡沒有佛像，他又祝禱：「如果佛法得以昌盛，佛像應該自動飛來。」

當夜，遠在羊咩咩城內五華樓的一尊佛像果真飛到寺內，李成眉深感佛法之不可思議，故將寺廟命名為「感通寺」。

我第一次去感通寺是誤打誤撞。那時對大理還不熟悉，從下關這一段的蒼山往上爬，沿著玉帶雲游路走了個半死，正疲累間，忽然聞到濃郁清冽的松柏香氣，在樹林裡掩映著一座廟宇。信步而入，喘息間，又聞到了蘭花高雅的妙香，於是便找了石凳坐了下來。不一會，腳步聲聲，兩位青年僧人微

笑而至。談論間,他們便開始燒水泡茶。小火盆上放了炭,和平常的不同,都是細而大小均勻的,原來是梨木炭。小師父們說梨木炭發火均勻,燒的水平和,而且梨木的微香會滲入水中。黑陶罐裡裝著的是蒼山上的雪水,小師父們又說,雪水讓人心境清涼。不多時,水燒好了,小師父們也不著急,慢慢燙茶盞,茶盞只是粗瓷小碗。等水涼了一會,便在每個小碗裡放了一撮茶葉,茶葉褐綠,然而比一般的綠茶粗壯硬挺,用水一沖,茶湯顯色很快,水剛衝下,一汪綠色就隨之氤氳而起。端起來一喝,是微微的苦,可是很快就轉化為甘甜,而水裡彷彿又有什麼東西似的,厚重醇和,大苦大甘,心裡卻意外地寧靜起來,剛才不大聽見的鳥鳴,彷彿在耳邊那麼悅耳動聽。

謝過小師父,問到這是什麼茶,小師父們說就是寺裡產的茶。感通寺裡感通茶,這一寺一茶,我記了九年,思念了九年。

這次到了大理,雖然我已經長期定居了,可是心底里的思念無時無刻不在催著我趕快到感通寺去。終於去了,山路修得更加平整了,山上的商舖也多了,很遠就看見新立的一個感通寺的石牌坊。松柏還是那麼茂密,鳥鳴還是那麼悅耳,我來看我的感通寺了!

正是午休時間,寺廟裡安靜極了。坐了片刻,大殿、蘭花、茶花、石桌都是那樣啊,沒有變。等有僧人過來,我們攀談起來,他便也開始泡茶,一個玻璃杯,一撮雲龍綠茶。我忍不住問到感通茶。他有一會兒沒說話,末了,便輕輕道地:「水是從山上引下的泉水,茶樹我們已經不種了。」原來如此!

我在路上看到的那一所所房子,原來在那裡的本來都是一株株的茶樹啊。怪不得原來下關茶廠還有盒裝的感通茶和蒼山雪綠生產,現在也蹤跡難覓了。

依然謝過了小師父,我走到了廟後的擔當和尚的塔邊。塔座上落滿了樹葉,我緩緩地把它們拂去,繞塔三遍,以示恭敬。可是我的心裡充滿悵然,一如孤單的雀鳥,「繞樹三匝,何枝可依?」坐在擔當師父的旁邊,心中的孤雀化作點點清淚落入莫殘溪直向洱海流去。縱然傾盡洱海水,難消追思滿心懷!

73. 蠻磚春早

朋友去版納做春茶了，一進山，大概要做到五月份才出來。我不能一起去，但是我的心卻早他一步飛到了蠻磚山。

我實在太喜歡蠻磚產的茶了。傳說中諸葛孔明南征至版納，插手杖發芽而為茶樹。後又留銅鑼於攸樂，置銅（莽）於莽枝，埋鐵磚於蠻磚，遺木梆於倚邦，埋馬蹬於革登，置撒袋於曼撒，因而名之，是為古六大茶山。蠻磚山上埋的是實實在在的鐵磚，也許，那厚重的精髓已經化入滿山的茶樹了吧。

雖然蠻磚在易武、倚邦、革登、莽枝四座古茶山包圍之中，東邊是易武（曼撒）古茶山，北邊是倚邦古茶山，西北邊是革登古茶山，西邊是莽枝古茶山，相距不是很遠，可是不僅歷代典籍記載頗少，就連今日其聲名也在倚邦之下，更遠遜於易武。

我的朋友們更愛的是易武。他們經常品飲易武的老樹茶，互相交流心得，並不時把我叫去，做個旁證。我不喜歡易武茶張揚的香氣，私下里我叫它「易武騷」。不過喝茶是個太個人化的事情，不必要爭執，每次的評價我都圍繞著葉底、制餅工藝、滋味是否醇厚來說，倒也落得皆大歡喜。我喜歡蠻磚，恰恰因為它內斂的香氣。普洱茶也有很多香型，像生茶裡的青葉香、蘭香等等，轉化為熟茶的過程裡會呈現荷香、樟香等等；而渥堆發酵的熟茶更多的是棗香、參香。可是我始終固執地認為，普洱茶是不靠香氣取勝的，靠的是醇厚的滋味。或許是時光的沉澱，或許是發酵室裡不可明了的變化，總之，奉獻出歷史般厚重的味道。

生茶為等待而生，在歲月裡從生澀走向成熟，就好像張曼玉從少女成長為女人，那種特殊的味道是表演不來的；又好像我看林青霞版的《窗外》，十九歲的飛揚，終歸換了「老大嫁作商人婦」的隱忍。

蠻磚的生茶為年華老去做了最充分的準備——沉默、醇厚、無名……四季的流轉於它不過生命之河的靜靜流動，既已做好等待的準備，那麼世間千年不過一瞬，而蠻磚茶的一瞬，卻很可能於世永恆。

　　我沒有緣分等待手裡蠻磚茶的老去，忍了兩年，還是喝了吧。很多生茶的茶湯都是黃綠透亮的，而蠻磚茶的茶湯卻是化開的琥珀。琥珀也是千百年隱忍的結果啊，從輕佻的松脂變成那一團凝重的暈黃。喝一口，不那麼苦，卻彷彿重重地砸在舌上一般，厚重而沉穩，等嚥了下去，是忍耐的回甘，持久而默然。又想起了張曼玉，不過穿過她看清了《花樣年華》裡的梁朝偉，朝大樹喃喃而語的那一瞬，蓬勃而出的無奈、畏縮、落寞、悔恨……甚至一絲情慾，然而最終釋然，不論是否無可奈何。

74. 九陽神功化作繞指柔

中國人喜歡中國酒，越陳的越香，也越被青睞。老窖池釀出的酒往往登龍門，所以在中國，有很多老窖池都被評為國家級文物，而且是真正在使用的文物。

我對於酒不是很在行，秉承《周禮》的訓誡「少則怡情，多則敗德」，我醉的次數不多。生長在汾酒的故鄉，自是對麴酒不陌生，然而我並不是很喜歡麴酒，因為暗藏後勁，香而不烈；我更喜歡燒酒，豪爽性格，最適合大碗喝酒、大塊吃肉，彷彿坐著黑風寨第一把交椅。到了瀘州，看了瀘州老窖，我覺得各有各的好處，燒酒就像是九陽神功，猛烈無敵；然而麴酒卻像是繞指柔，以柔克剛，生生不息。

古人曾經曰過：「水為酒之血，曲為酒之骨。」瀘州靠近長江，地有甘泉，自然已近水樓臺。而酒麴其實應該是引動微生物快速繁殖，從而使穀物等得以發酵出香。而釀酒窖池使用的時間愈長，其形成的微生物環境愈出色，則醞釀發酵出優質酒的基礎越好。根據介紹，瀘州老窖生產的「國窖·1573」型白酒中，能夠定量的香味成分為 163 種，而只能定性卻無法定量的成分還有 200 多種。這都是瀘州老窖窖泥中蘊涵豐富的微生物的功勞。

用泥窖釀酒應該是中國人的偉大發明，瀘州老窖是瀘州自產的黃泥，建造酒窖的黃泥必須細膩無沙，黏性很強，經過防滲處理能夠長期保水，瀘州老窖的特例也是因為瀘州黃泥具有很好的特性才具備的。經過 400 多年的不間斷使用，持續的酒糟培養，最終形成為今天的老窖。雖然已經用大型的玻璃罩子將整個老窖封了起來，但是仍然按照古法在老窖中發酵酒糟，因此，空氣罩不住，瀰散著濃厚的醇香。

據講解員介紹，老窖的窖泥經過多年的酒糟浸潤，從最初的黃色變為灰色，再變為烏黑，最後又變為灰白，現在掰一塊下來，在光線的照射下會閃出紅、綠、藍等色彩，且有一種回沁脾胃的香味。聽完講解員的介紹，我和同行者相視一笑，正心懷鬼胎期間，講解員春風化雨：「不過，作為國家重

點保護的特級文物，我們接觸不到真正的窖泥。」我便也絕了這偷一塊窖泥、然後釀酒、再然後成為一代釀酒宗師的雄心壯志。

老窖裡有一對窖坑稱為「鴛鴦窖」，是由兩個大坑各兩個小坑組成，利用壓差彼此回流的道理可以產生甚為醇香的美酒。瀘州老窖外邊有一個小型的花園，立柱上邊全部是古代青銅酒器。而旁邊就是白酒品嚐室。我迫不及待地拿過一杯，芬芳甘美的香氣，倒入口中，卻像孫悟空變成的桃子一股腦自己滑進去了，然後從胃裡沿著喉管瀰散升騰出頑強不息的暖意，彷彿九陽神功打通了七經八脈一樣舒服，最後輕輕打出一個酒嗝，如情人身上的香氣纏綿在周圍久久不忍離去。

這瀘州老窖的酒是老而彌新的，一如中國人追求的淡而永和的情致。儒家講究「執兩用中」，道家說「天生一，一生二，二生三，三生萬物」，這都是中國本土生長成熟的理論。而中國的酒，從九陽神功的熾烈化為陰陽調和的綿綿不息，以陰陽兼濟天下的調和孕育出「五花馬，千金裘，呼兒將出換美酒」的疏狂，又哺養出「昨夜雨疏風驟，濃睡不消殘酒」的黯然，還醞釀出「中秋飲酒將旦」、「飛鏡無根誰系？」的遐想，更譜有「眾人之濁我可清，千日之醉我可醒」的高遠，中國人的情致百態，就在中國清如泉水、香烈無比的中國酒中。

國家圖書館出版品預行編目（CIP）資料

美食滋味中的風景 / 李韜 著 . -- 第一版 .
-- 臺北市：崧博出版：崧燁文化發行 , 2019.09
　　面；　　公分
POD 版

ISBN 978-957-735-920-9(平裝)

1. 飲食風俗 2. 中國

538.782　　　　　　　　　　　　　　　　108014405

書　　　名：美食滋味中的風景
作　　　者：李韜 著
發 行 人：黃振庭
出 版 者：崧博出版事業有限公司
發 行 者：崧燁文化事業有限公司
E - m a i l：sonbookservice@gmail.com
粉 絲 頁：　　　　　網　址：
地　　　址：台北市中正區重慶南路一段六十一號八樓 815 室
8F.-815, No.61, Sec. 1, Chongqing S. Rd., Zhongzheng
Dist., Taipei City 100, Taiwan (R.O.C.)
電　　　話：(02)2370-3310 傳　真：(02) 2370-3210
總 經 銷：紅螞蟻圖書有限公司
地　　　址: 台北市內湖區舊宗路二段 121 巷 19 號
電　　　話:02-2795-3656 傳真 :02-2795-4100　　網址：
印　　　刷：京峯彩色印刷有限公司（京峰數位）

　　本書版權為旅遊教育出版社所有授權崧博出版事業股份有限公司獨家發行電子
　　書及繁體書繁體字版。若有其他相關權利及授權需求請與本公司聯繫。

定　　　價：280 元
發 行 日 期：2019 年 09 月第一版
◎ 本書以 POD 印製發行

獨家贈品

親愛的讀者歡迎您選購到您喜愛的書，為了感謝您，我們提供了一份禮品，爽讀 app 的電子書無償使用三個月，近萬本書免費提供您享受閱讀的樂趣。

iOS 系統　　　　安卓系統　　　　讀者贈品

請先依照自己的手機型號掃描安裝 APP 註冊，再掃描「讀者贈品」，複製優惠碼至 APP 內兌換

優惠碼（兌換期限2025/12/30）
READERKUTRA86NWK

爽讀 APP

- 多元書種、萬卷書籍，電子書飽讀服務引領閱讀新浪潮！
- AI 語音助您閱讀，萬本好書任您挑選
- 領取限時優惠碼，三個月沉浸在書海中
- 固定月費無限暢讀，輕鬆打造專屬閱讀時光

不用留下個人資料，只需行動電話認證，不會有任何騷擾或詐騙電話。